Cucina Paleo per Principianti

Ricettario per un Approccio Sano e Naturale all'Alimentazione

Giulia Bianchi

Indice

Bistecche alla griglia con patate fritte 9
Carne asiatica e verdure saltate in padella 11
Filetti di tavola di cedro con insalata asiatica e slaw 13
Bistecche Tri-Tip alla griglia con peperoni di cavolfiore 16
Bistecche di ferro piatto Poivre con salsa di funghi e Digione 18
bistecca 18
SOS   18
Bistecche alla griglia con cipolle Chipotle caramellate e insalata di salsa 21
bistecca 21
insalata di prezzemolo 21
cipolle caramellate 22
Ribeye alla griglia con erbe di cipolla e "burro" all'aglio 24
Insalata di costolette con barbabietola alla griglia 26
Costolette alla coreana con cavolo saltato e zenzero 28
Costolette di manzo con gremolata di agrumi e finocchio 31
costolette 31
Zucca arrosto 31
sgualcito 31
Hamburger di manzo alla svedese con insalata di cetrioli con senape e aneto 34
Insalata di cetrioli 34
hamburger di manzo 34
Hamburger di manzo ripieni di rucola con radici fritte 38
Hamburger di manzo alla griglia con pomodori in crosta di sesamo 41
Hamburger su stecco con salsa Baba Ghanush 44
Peperoni Ripieni Affumicati 46
Hamburger di bisonte con cipolle cabernet e rucola 49
Polpettone di bisonte e agnello con smog svizzero e patate dolci 52
Polpette di bisonte con salsa di mele ribes con pappardelle di zucchine 55
Polpette 55
Salsa di mele ribes 55
pappardelle di zucchine 55

Bolognese di bisonte e porcini con spaghetti all'aglio fritti 58
Bison Chili Con Carne 61
Bistecche di bisonte speziate marocchine con limoni grigliati 63
Bistecca di bisonte alle erbe di Provenza 65
Costolette di bisonte arrostite al caffè con gremolata di mandarino e purea di radice di sedano 67
MARINO 67
sobbollire 67
brodo di ossa di manzo 70
Spalla di maiale aromatizzata alle spezie tunisine con patatine fritte piccanti 72
Maiale 72
Patatine fritte 72
Spalla di maiale alla griglia cubana 75
Arrosto di maiale italiano con spezie e verdure 78
talpa di maiale a cottura lenta 80
Stufato di maiale e zucca al cumino 82
Bistecca di controfiletto ripiena di frutta con salsa al brandy 84
Friggere 84
salsa al brandy 84
Arrosto di maiale alla porchetta 87
Arrosto di maiale con tomatillo 89
Filetto di maiale ripieno di albicocche 91
Filetto di maiale in crosta di erbe con olio all'aglio croccante 93
Maiale speziato indiano con salsa al cocco 95
Scaloppine di maiale con mele e castagne speziate 96
Fajita di maiale saltata 99
Filetto di maiale al porto e prugne 100
Maiale Moo Shu in coppe di lattuga con verdure in salamoia 102
Verdure in salamoia 102
Maiale 102
Braciole di maiale con macadamia, salvia, fichi e purè di patate dolci 104
Braciole di maiale arrosto al rosmarino e lavanda con uva tostata e noci 106
Braciole di maiale alla fiorentina con broccoli grigliati 108
Braciole di maiale ripiene di scarola 110
Braciole di maiale in crosta di noci pecan di Digione 113

Crosta di maiale alle noci con insalata di spinaci e mirtilli 115

Cotoletta di maiale con cavolo rosso in agrodolce 117

Cavolo 117

Maiale 117

Tacchino arrosto con radici di aglio schiacciate 119

Petto di tacchino ripieno di pesto e insalata di rucola 122

Petto di tacchino condito con salsa barbecue alla ciliegia 124

Carne di tacchino cotta nel vino 126

Petto di tacchino saltato con salsa di scampi all'erba cipollina 129

Cosce di tacchino arrosto con radice 131

Polpettone di tacchino alle erbe con ketchup di cipolle caramellate e fettine di cavolo arrosto 133

posole di tacchino 135

brodo di ossa di pollo 137

Salmone verde Harissa 140

Salmone 140

Harissa 140

Semi di girasole conditi 140

Insalata 141

Salmone alla griglia con insalata di cuori di carciofi marinati 144

Salmone Salvia-Cile Al Forno Flash Con Salsa Di Pomodoro Verde 146

Salmone 146

Salsa di pomodoro verde 146

Salmone fritto e asparagi in cartoccio con pesto di limone e nocciole 149

Salmone condito con funghi e salsa di mele 151

Sogliola in Papillote con Julienne di Verdure 154

Tacos di pesce al pesto di rucola con crema di limone affumicato 156

Sogliola in crosta di mandorle 158

Confezioni di merluzzo grigliato e zucchine con mango piccante e salsa al basilico 161

Riesling di merluzzo con pomodorini ripieni di pesto 163

Merluzzo alla griglia in crosta di pistacchio e coriandolo su purè di patate dolci .. 165

Baccalà al rosmarino e mandarino con broccoli fritti 167

Avvolgere con insalata di merluzzo al curry con ravanelli in salamoia 169

Eglefino al forno con limone e finocchio 171

Dentice in crosta di noci pecan con Remoulade e gombo e pomodori cajun 173

Tortini di tonno al dragoncello con avocado e lime Aïoli 176

Tagine di contrabbasso 179

Halibut in salsa di gamberetti all'aglio con cavolo riccio Soffrito 181

Bouillabaisse ai frutti di mare 183

Ceviche di gamberi classico 185

Insalata di gamberi e spinaci in crosta di cocco 188

Ceviche di gamberi tropicali e capesante 190

Gamberi giamaicani piccanti con olio di avocado 192

Scampi di gamberi con spinaci appassiti e radicchio 193

Insalata di granchio con avocado, pompelmo e jicama 195

Bollire la coda di aragosta cajun con aïoli al dragoncello 197

Cozze fritte con aioli allo zafferano 199

patatine fritte 199

aioli allo zafferano 199

cozze 199

Capesante fritte con condimento alla barbabietola 202

Capesante grigliate con salsa di cetrioli all'aneto 205

Capesante fritte con pomodoro, olio d'oliva e salsa alle erbe 208

vongole e salsa 208

Insalata 208

Cavolfiore arrosto al cumino con finocchio ed erba cipollina 210

Sugo di pomodoro e melanzane con spaghetti alla zucca 212

Funghi stufati alla Portobello 214

Radicchio arrosto 216

BISTECCHE ALLA GRIGLIA CON PATATE FRITTE

FORMAZIONE: 20 minuti Tempo di seduta: 20 minuti Grigliatura: 10 minuti Tempo di seduta: 5 minuti Fa: 4 porzioni

LE BISTECCHE HANNO UNA CONSISTENZA MOLTO TENERA, E LA PICCOLA STRISCIA DI GRASSO SU UN LATO DELLA BISTECCA DIVENTA CROCCANTE E AFFUMICATA SULLA GRIGLIA. IL MIO PENSIERO SUL GRASSO ANIMALE È CAMBIATO DAL MIO PRIMO LIBRO. SE TI ATTIENI AI PRINCIPI DI BASE DELLA DIETA PALEO® E MANTIENI I GRASSI SATURI ENTRO IL 10-15 PERCENTO DELLE CALORIE GIORNALIERE, NON AUMENTERAI IL RISCHIO DI MALATTIE CARDIACHE, ANZI, POTREBBE ESSERE VERO IL CONTRARIO. NUOVE INFORMAZIONI SUGGERISCONO CHE L'AUMENTO DEL COLESTEROLO LDL PUÒ EFFETTIVAMENTE RIDURRE L'INFIAMMAZIONE SISTEMICA, CHE È UN FATTORE DI RISCHIO PER LE MALATTIE CARDIACHE.

- 3 cucchiai di olio extravergine di oliva
- 2 cucchiai di ravanelli appena grattugiati
- 1 cucchiaino di buccia d'arancia finemente grattugiata
- ½ cucchiaino di cumino macinato
- ½ cucchiaino di pepe nero
- 4 bistecche (chiamate anche controfiletto), tagliate a fette spesse circa 1 pollice
- 2 carote medie, sbucciate
- 1 patata dolce grande, sbucciata
- 1 rapa media, sbucciata
- 1 o 2 scalogni, tritati finemente
- 2 spicchi d'aglio, tritati
- 1 cucchiaio di timo fresco tritato

1. In una piccola ciotola, unisci 1 cucchiaio di olio, rafano, scorza d'arancia, cumino e ¼ di cucchiaino di pepe.

Distribuire il composto sulle bistecche; coprire e lasciare a temperatura ambiente per 15 minuti.

2. Nel frattempo, per l'hash, usando una grattugia o un robot da cucina dotato di lama da grattugia, grattugiare le pastinache, le patate dolci e le rape. Metti le verdure tritate in una ciotola capiente; aggiungere scalogno(i). In una piccola ciotola, unisci i restanti 2 cucchiai di olio, ¼ di cucchiaino di pepe, aglio e timo. Condire con le verdure; mescolare per amalgamare bene. Piega a metà un foglio di alluminio da 36 × 18 pollici per creare un foglio a doppio spessore che misura 18 × 18 pollici. Mettere il composto di verdure al centro della carta stagnola; unire i lembi opposti del foglio di alluminio e sigillare con una doppia piega. Ripiegare i bordi rimanenti per racchiudere completamente le verdure, lasciando spazio al vapore.

3. Per una griglia a carbone oa gas, posizionare le bistecche e la pellicola direttamente sulla griglia a fuoco medio. Coprire e grigliare le bistecche per 10-12 minuti per mediamente cotte (145°F) o da 12 a 15 minuti per medie (160°F), girandole una volta a metà cottura. Grigliare il pacchetto per 10-15 minuti o fino a quando le verdure sono tenere. Lascia riposare le bistecche per 5 minuti mentre le verdure finiscono di cuocere. Dividi l'hash di verdure tra quattro piatti da portata; sopra con le bistecche.

CARNE ASIATICA E VERDURE SALTATE IN PADELLA

FORMAZIONE: 30 minuti tempo di cottura: 15 minuti per: 4 porzioni

FIVE SPICE POWDER È UNA MISCELA DI SPEZIE NON SALATE AMPIAMENTE UTILIZZATO NELLA CUCINA CINESE. CONSISTE IN PARTI UGUALI DI CANNELLA MACINATA, CHIODI DI GAROFANO, SEMI DI FINOCCHIO, ANICE STELLATO E PEPE DI SZECHWAN.

- 1½ kg di controfiletto disossato o tondo di manzo disossato, a fette spesse 1 pollice
- 1 cucchiaino e mezzo di cinque spezie in polvere
- 3 cucchiai di olio di cocco raffinato
- 1 cipolla rossa piccola, tagliata a rondelle sottili
- 1 piccola manciata di asparagi (circa 12 once), rifilati e tagliati in pezzi da 3 pollici
- 1 tazza e ½ di carote gialle e/o arancioni tagliate alla julienne
- 4 spicchi d'aglio, tritati
- 1 cucchiaino di buccia d'arancia finemente grattugiata
- ¼ tazza di succo d'arancia fresco
- ¼ di tazza di brodo di ossa di manzo (vedi reddito) o brodo di carne non salato
- ¼ di tazza di aceto di vino bianco
- ¼ a ½ cucchiaino di pepe rosso macinato
- 8 tazze di cavolo nappa tritato grossolanamente
- ½ tazza di mandorle a lamelle non salate o anacardi non salati tritati grossolanamente, tostati (vedi suggerimento, pagina 57)

1. Se lo si desidera, congelare parzialmente la carne per facilitare il taglio (circa 20 minuti). Tagliare la carne a fettine molto sottili. In una grande ciotola, unisci la carne di manzo e la polvere di cinque spezie. In un wok grande o in una padella extra large, scalda 1 cucchiaio di olio di cocco a fuoco medio-alto. Aggiungi metà della carne; cuocere e mescolare per 3-5 minuti o fino a doratura.

Trasferisci la carne in una ciotola. Ripeti con la carne rimanente e 1 altro cucchiaio di olio. Trasferire la carne nella ciotola con l'altra carne cotta.

2. Nello stesso wok, aggiungi il restante 1 cucchiaio di olio. Aggiungi la cipolla; cuocere e mescolare per 3 minuti. Aggiungere gli asparagi e le carote; cuocere e mescolare per 2 o 3 minuti o fino a quando le verdure sono tenere e croccanti. Aggiungere l'aglio; cuocere e mescolare per un altro 1 minuto.

3. Per il condimento, in una piccola ciotola, unire la scorza d'arancia, il succo d'arancia, il brodo di ossa di manzo, l'aceto e il peperoncino tritato. Aggiungi la salsa e l'eventuale carne succosa in una ciotola wok. Cuocere e mescolare per 1-2 minuti o fino a quando non sarà riscaldato. Usando un cucchiaio forato, trasferisci le verdure dalla carne in una ciotola capiente. Coprire per stare al caldo.

4. Cuocere la salsa, scoperta, a fuoco medio per 2 minuti. Aggiungi cavolo; cuocere e mescolare da 1 a 2 minuti o fino a quando il cavolo è appassito. Dividere il cavolo e l'eventuale sugo di cottura in quattro piatti da portata. Coprire uniformemente con il composto di carne. Cospargere con le noci.

FILETTI DI TAVOLA DI CEDRO CON INSALATA ASIATICA E SLAW

ASSORBIRE:1 ora Preparazione: 40 minuti Grill: 13 minuti Standby: 10 minuti Per: 4 porzioni.

IL CAVOLO NAPA È TALVOLTA CHIAMATO CAVOLO CINESE.HA FOGLIE BELLE, RUGOSE, COLOR CREMA CON PUNTE GIALLO-VERDI LUCIDE. HA UN SAPORE E UNA CONSISTENZA DELICATI E MORBIDI, MOLTO DIVERSI DALLE FOGLIE CEROSE DEL CAVOLO A TESTA TONDA E, OVVIAMENTE, È NATURALE NEI PIATTI IN STILE ASIATICO.

- 1 grande tavola di cedro
- ¼ oncia di funghi shiitake secchi
- ¼ tazza di olio di noci
- 2 cucchiaini di zenzero fresco tritato
- 2 cucchiaini di pepe rosso macinato
- 1 cucchiaino di pepe Sechwan macinato
- ¼ di cucchiaino di cinque spezie in polvere
- 4 spicchi d'aglio, tritati
- 4 bistecche di filetto di manzo da 4 a 5 once, tagliate a fette spesse da ¾ a 1 pollice
- Insalata asiatica (vedireddito, inferiore)

1. Immergi il piatto nell'acqua; abbassare il peso e lasciarlo in ammollo per almeno 1 ora.

2. Nel frattempo, per la salsa asiatica, in una ciotolina versare dell'acqua bollente sui funghi shiitake essiccati; lasciare riposare per 20 minuti per reidratarsi. Scolare i funghi e metterli in un robot da cucina. Aggiungere l'olio di noci, lo zenzero, il peperoncino tritato, il pepe di Szechuan, le cinque spezie in polvere e l'aglio. Coprire e lavorare fino a

quando i funghi non vengono tritati e gli ingredienti vengono combinati; accantonare.

3. Scolare la tavola dalla griglia. Per una griglia a carbone, disponi carboni a fuoco medio attorno al perimetro della griglia. Posiziona la tavola sulla griglia direttamente sopra i carboni. Coprire e grigliare per 3-5 minuti o fino a quando la piastra inizia a scoppiettare e fumare. Metti le bistecche sulla griglia direttamente sopra i carboni; friggere 3-4 minuti o fino a doratura. Trasferisci le bistecche sul tagliere, con la cucitura rivolta verso l'alto. Posiziona la tavola al centro della griglia. Dividi l'Asian Slather tra le bistecche. Coprire e grigliare per 10-12 minuti, o fino a quando un termometro a lettura istantanea inserito orizzontalmente nelle bistecche legge 130 ° F. (Per una griglia a gas, preriscaldare la griglia. Ridurre il calore a medio. Posizionare la teglia scolata sulla griglia. ; coprire e grigliare per 3-5 minuti o fino a quando la piastra inizia a scoppiettare e fumare. Metti le bistecche sulla griglia per 3-4 minuti o fino a quando trasferisci le bistecche sul tagliere, scottale con il lato rivolto verso l'alto. Regolare la griglia per la cottura indiretta; posizionare il piatto con le bistecche sul fuoco spento. Dividi il condimento tra le bistecche. Coprire e grigliare per 10-12 minuti o fino a quando un termometro a lettura istantanea inserito orizzontalmente nelle bistecche indica 130°F.)

4. Rimuovere le bistecche dalla griglia. Coprire le bistecche liberamente con un foglio di alluminio; lasciate riposare per 10 minuti. Tagliare le bistecche a fette spesse ¼ di pollice. Servire la bistecca sopra l'insalata asiatica.

Insalata asiatica: in una ciotola capiente, getta 1 cavolo nappa medio, affettato sottilmente; 1 tazza di cavolo viola tritato finemente; 2 carote, sbucciate e tagliate a julienne; 1 peperone rosso o giallo, senza semi e tagliato a fettine sottilissime; 4 cipollotti, affettati sottilmente; Da 1 a 2 peperoni serrano, senza semi e tritati (vedi_mancia_); 2 cucchiai di coriandolo tritato; e 2 cucchiai di menta tritata. Per il condimento, in un robot da cucina o frullatore, unisci 3 cucchiai di succo di limone fresco, 1 cucchiaio di zenzero appena grattugiato, 1 spicchio d'aglio tritato e ⅛ cucchiaino di cinque spezie in polvere. Coprire e lavorare fino a che liscio. Con il processore in funzione, aggiungere gradualmente ½ tazza di olio di noci e lavorare fino a che liscio. Aggiungere 1 scalogno, affettato sottilmente, alla salsa. Versare sopra l'insalata e mescolare per ricoprire.

BISTECCHE TRI-TIP ALLA GRIGLIA CON PEPERONI DI CAVOLFIORE

FORMAZIONE: 25 minuti tempo di cottura: 25 minuti per: 2 porzioni

LA PEPERONATA È TRADIZIONALMENTE UN RAGÙ A COTTURA LENTAPEPERONE CON CIPOLLA, AGLIO ED ERBE AROMATICHE. QUESTA VERSIONE FRITTA VELOCE, RESA PIÙ SANA CON IL CAVOLFIORE, FUNGE DA CONTORNO E CONTORNO.

- 2 bistecche tri-punta da 4 a 6 once, affettate da ¾ a 1 pollice di spessore
- ¾ cucchiaino di pepe nero
- 2 cucchiai di olio extravergine di oliva
- 2 peperoni rossi e/o gialli, privati dei semi e affettati
- 1 scalogno, affettato sottilmente
- 1 cucchiaino di spezie mediterranee (vreddito)
- 2 tazze di piccole cimette di cavolfiore
- 2 cucchiai di aceto balsamico
- 2 cucchiaini di timo fresco tritato

1. Asciugare le bistecche con salviette di carta. Cospargere le bistecche con ¼ di cucchiaino di pepe nero. In una padella capiente, scalda 1 cucchiaio di olio a fuoco medio-alto. Aggiungi le bistecche in padella; ridurre il calore a medio. Cuocere le bistecche per 6-9 minuti a medio-raro (145 ° F), girando di tanto in tanto. (Se la carne sta rosolando troppo velocemente, riduci il fuoco.) Rimuovi le bistecche dalla padella; coprire liberamente con un foglio per tenerlo al caldo.

2. Per la peperonata, aggiungi 1 cucchiaio di olio rimasto nella padella. Aggiungere il peperone e l'erba cipollina. Cospargere con condimento mediterraneo. Cuocere a

fuoco medio per circa 5 minuti o fino a quando i peperoni sono morbidi, mescolando di tanto in tanto. Aggiungere il cavolfiore, l'aceto balsamico, il timo e il restante ½ cucchiaino di pepe nero. Coprire e cuocere da 10 a 15 minuti o fino a quando il cavolfiore è tenero, mescolando di tanto in tanto. Riporta le bistecche nella padella. Metti la miscela di peperoni sopra le bistecche. Servire subito.

BISTECCHE DI FERRO PIATTO POIVRE CON SALSA DI FUNGHI E DIGIONE

FORMAZIONE: 15 minuti tempo di cottura: 20 minuti per: 4 porzioni

QUESTA BISTECCA DI ISPIRAZIONE FRANCESE CON SALSA DI FUNGHI PUÒ ESSERE SUL TAVOLO IN POCO PIÙ DI 30 MINUTI, RENDENDOLO UN'OTTIMA SCELTA PER UN PASTO VELOCE DURANTE LA SETTIMANA.

BISTECCA
- 3 cucchiai di olio extravergine di oliva
- 1 kg di asparagi piccoli, mondati
- 4 bistecche di ferro piatto da 6 once (spalla di manzo disossata)*
- 2 cucchiai di rosmarino fresco tritato
- 1½ cucchiaino di pepe nero tritato

SOS
- 8 once di funghi freschi affettati
- 2 spicchi d'aglio, tritati
- ½ tazza di brodo di ossa di manzo (vedi reddito)
- ¼ di bicchiere di vino bianco secco
- 1 cucchiaio di senape alla Digione (vedi reddito)

1. In una padella capiente, scalda 1 cucchiaio di olio d'oliva a fuoco medio-alto. Aggiungere gli asparagi; cuocere da 8 a 10 minuti o fino a quando non diventano croccanti, girando le lance di tanto in tanto per evitare che si brucino. Trasferisci gli asparagi in un piatto; coprire con un foglio per tenerlo al caldo.

2. Cospargere le bistecche con rosmarino e pepe; strofinare con le dita. Nella stessa padella, scalda i restanti 2 cucchiai di olio a fuoco medio-alto. Aggiungi le bistecche; ridurre il

calore a medio. Cuocere da 8 a 12 minuti al sangue (145 ° F), girando la carne di tanto in tanto. (Se la carne sta rosolando troppo velocemente, riduci il fuoco.) Rimuovi la carne dalla padella, riservando i gocciolamenti. Coprire le bistecche con un foglio di alluminio per tenerle calde.

3. Per la salsa, aggiungere nella padella i funghi e l'aglio sgocciolato; cuocere fino a quando morbido, mescolando di tanto in tanto. Aggiungi brodo, vino e senape alla Digione. Cuocere a fuoco medio, raschiando i pezzetti dorati dal fondo della padella. Portare ad ebollizione; cuocere per 1 altro minuto.

4. Dividi gli asparagi in quattro piatti. Completare con le bistecche; cucchiaio di salsa sulle bistecche.

* Nota: se non riesci a trovare bistecche da 6 once, acquista due bistecche da 8 a 12 once e tagliale a metà per fare quattro bistecche.

BISTECCHE ALLA GRIGLIA CON CIPOLLE CHIPOTLE CARAMELLATE E INSALATA DI SALSA

FORMAZIONE: 30 minuti Marinatura: 2 ore Cottura al forno: 20 minuti Raffreddamento: 20 minuti Griglia: 45 minuti Per: 4 porzioni

LA BISTECCA DI FERRO PIATTO È RELATIVAMENTE NUOVATAGLIO SVILUPPATO SOLO POCHI ANNI FA. TAGLIATO DALLA GUSTOSA SEZIONE DEL MANDRINO ACCANTO ALLA SCAPOLA, È SORPRENDENTEMENTE TENERO E HA UN SAPORE MOLTO PIÙ COSTOSO DI QUELLO CHE È, IL CHE PROBABILMENTE SPIEGA IL SUO RAPIDO AUMENTO DI POPOLARITÀ.

BISTECCA

- ⅓ tazza di succo di limone fresco
- ¼ tazza di olio extra vergine di oliva
- ¼ tazza di coriandolo tritato grossolanamente
- 5 spicchi d'aglio, tritati
- 4 bistecche di ferro piatto da 6 once (spalla di manzo disossata)

INSALATA DI PREZZEMOLO

- 1 cetriolo senza semi (inglese) (sbucciato se lo si desidera), tritato
- 1 tazza di pomodorini in quarti
- ½ tazza di cipolla rossa tritata
- ½ tazza di coriandolo tritato grossolanamente
- 1 peperoncino poblano, privato dei semi e tagliato a dadini (vedi mancia)
- 1 jalapeno, privato dei semi e tritato (vedi mancia)
- 3 cucchiai di succo di limone fresco
- 2 cucchiai di olio extravergine di oliva

CIPOLLE CARAMELLATE

2 cucchiai di olio extravergine di oliva

2 cipolle dolci grandi (tipo Maui, Vidalia, Texas Sweet o Walla Walla)

½ cucchiaino di peperoncino chipotle macinato

1. Per le bistecche, metti le bistecche in un sacchetto di plastica richiudibile posto su un piatto piano; accantonare. In una piccola ciotola, unisci il succo di limone, l'olio, il coriandolo e l'aglio; versare sopra le bistecche nel sacchetto. Sacchetto sigillante; torna al cappotto. Marinare in frigorifero per 2 ore.

2. Per l'insalata, in una ciotola capiente unire il cetriolo, il pomodoro, la cipolla, il coriandolo, il poblano e il jalapeño. Trascina per abbinare. Per la salsa, in una piccola ciotola, unire il succo di limone e l'olio d'oliva. Condire la salsa sulle verdure; gioca a vestirti. Coprire e conservare in frigorifero fino al momento di servire.

3. Per le cipolle, preriscaldare il forno a 200°C. Spennellare l'interno di un forno olandese con un filo d'olio d'oliva; accantonare. Tagliare la cipolla a metà nel senso della lunghezza, rimuovere la pelle, quindi affettarla trasversalmente a ¼ di pollice di spessore. Nel forno olandese, lancia l'olio d'oliva rimanente, la cipolla e il peperoncino chipotle. Coprire e cuocere per 20 minuti. Coprite e lasciate raffreddare per circa 20 minuti.

4. Trasferire le cipolle raffreddate in un sacchetto per griglia o avvolgere le cipolle in un doppio strato di carta stagnola. Forare la parte superiore del foglio in diversi punti con uno spiedino.

5. Per una griglia a carbone, disponi dei carboni a fuoco medio attorno al perimetro della griglia. Prova a fuoco medio sopra il centro della griglia. Posizionare il pacchetto al centro della griglia. Coprire e grigliare per circa 45 minuti o fino a quando le cipolle sono morbide e di colore ambrato. (Per una griglia a gas, preriscaldare la griglia. Ridurre il calore a medio. Impostare per la cottura indiretta. Posizionare il pacchetto sopra il bruciatore spento. Coprire anche la griglia come indicato.)

6. Rimuovere le bistecche dalla marinata; scartare la marinata. Per una griglia a carbone o a gas, posiziona le bistecche direttamente sulla griglia a fuoco medio-alto. Coprire e cuocere per 8-10 minuti o fino a quando un termometro a lettura istantanea inserito orizzontalmente nelle bistecche legge 135 ° F, girando una volta. Trasferisci le bistecche su un piatto, copri leggermente con un foglio di alluminio e lascia riposare per 10 minuti.

7. Per servire, dividi l'insalata di prezzemolo in quattro piatti. Mettere una bistecca su ogni piatto e adagiarvi sopra un mucchio di cipolle caramellate. Servire subito.

Istruzioni per la preparazione: L'insalata di salsa può essere preparata e lasciata in frigorifero fino a 4 ore prima di servire.

RIBEYE ALLA GRIGLIA CON ERBE DI CIPOLLA E "BURRO" ALL'AGLIO

FORMAZIONE:10 minuti per cuocere: 12 minuti per congelare: 30 minuti per grigliare: 11 minuti per preparare: 4 porzioni

IL CALORE DELLA BISTECCA APPENA SFORNATA SI STA SCIOGLIENDOCUMULI DI CIPOLLE CARAMELLATE, AGLIO ED ERBE AROMATICHE, SOSPESI IN UNA GUSTOSA MISCELA DI OLIO DI COCCO E OLIO D'OLIVA.

2 cucchiai di olio di cocco non raffinato

1 cipolla piccola, tagliata a metà e affettata molto sottilmente (circa ¾ di tazza)

1 spicchio d'aglio, affettato molto sottilmente

2 cucchiai di olio extravergine di oliva

1 cucchiaio di prezzemolo fresco tritato

2 cucchiaini di timo fresco, rosmarino e/o origano

4 bistecche da 8 a 10 once, tagliate a fette spesse 1 pollice

½ cucchiaino di pepe nero appena macinato

1. In una padella media, sciogli l'olio di cocco a fuoco basso. Aggiungi la cipolla; cuocere da 10 a 15 minuti o fino a quando leggermente dorato, mescolando di tanto in tanto. Aggiungere l'aglio; cuocere da 2 a 3 minuti in più o fino a quando le cipolle sono dorate, mescolando di tanto in tanto.

2. Trasferisci il composto di cipolle in una piccola ciotola. Aggiungere l'olio d'oliva, il prezzemolo e il timo. Conservare in frigorifero, scoperto, per 30 minuti o fino a quando la miscela è abbastanza solida da raggrupparsi quando viene rimossa, mescolando di tanto in tanto.

3. Nel frattempo cospargere di pepe le bistecche. Per una griglia a carbone o a gas, posiziona le bistecche direttamente sulla griglia a fuoco medio. Coprire e grigliare per 11-15 minuti per mediamente cotta (145°F) o da 14 a 18 minuti per media (160°F), girando una volta a metà cottura.

4. Per servire, adagiare ogni bistecca su un piatto da portata. Versare immediatamente il composto di cipolle uniformemente sulle bistecche.

INSALATA DI COSTOLETTE CON BARBABIETOLA ALLA GRIGLIA

FORMAZIONE: 20 minuti Grill: 55 minuti Standby: 5 minuti Per: 4 porzioni

IL SAPORE TERROSO DELLA BARBABIETOLA SI FONDE MAGNIFICAMENTECON LA DOLCEZZA DELLE ARANCE - E LE NOCI TOSTATE AGGIUNGONO UN PO' DI CROCCANTEZZA A QUESTA INSALATA DI PORTATA PRINCIPALE, PERFETTA DA MANGIARE ALL'APERTO IN UNA CALDA NOTTE D'ESTATE.

1 kg di barbabietole rosse e/o dorate medie, sbucciate, mondate e affettate
1 cipolla piccola, affettata sottilmente
2 rametti di timo fresco
1 cucchiaio di olio extravergine di oliva
pepe nero macinato
2 bistecche di controfiletto disossate da 8 once, affettate spesse ¾ di pollice
2 spicchi d'aglio tagliati a metà
2 cucchiai di spezie mediterranee (vedi reddito)
6 tazze di mix di foglie
2 arance, sbucciate, affettate e tritate grossolanamente
½ tazza di noci tritate e tostate (vedi mancia)
½ tazza di vinaigrette Bright Citrus (vedi reddito)

1. Metti la barbabietola, la cipolla e i rametti di timo in una teglia. Innaffiare con olio d'oliva e mescolare; cospargere leggermente con pepe nero macinato. Per una griglia a carbone o a gas, posizionare la padella al centro della griglia. Coprire e arrostire per 55-60 minuti o finché sono teneri quando vengono forati con un coltello, mescolando di tanto in tanto.

2. Nel frattempo, strofina entrambi i lati della bistecca con i lati tagliati dell'aglio; cospargere con spezie mediterranee.

3. Sposta le barbabietole dal centro della griglia per fare spazio alla bistecca. Aggiungi le bistecche alla griglia direttamente a fuoco medio. Coprire e grigliare per 11-15 minuti per mediamente cotta (145°F) o da 14 a 18 minuti per media (160°F), girando una volta a metà cottura. Rimuovere la padella e le bistecche dalla griglia. Lascia riposare le bistecche per 5 minuti. Scartare i rametti di timo dalla teglia.

4. Tagliare la bistecca a fettine diagonali sottili. Dividi le verdure in quattro piatti da portata. Completare con bistecca a fette, barbabietole, fette di cipolla, arance tritate e noci. Condire con vinaigrette agli agrumi brillante.

COSTOLETTE ALLA COREANA CON CAVOLO SALTATO E ZENZERO

FORMAZIONE:50 minuti tempo di cottura: 25 minuti tempo di cottura: 10 ore raffreddamento: durante la notte Resa: 4 porzioni

ASSICURATI IL COPERCHIO DEL TUO FORNO OLANDESESI ADATTA MOLTO BENE, IN MODO CHE DURANTE IL TEMPO DI COTTURA MOLTO LUNGO, IL LIQUIDO DI COTTURA NON EVAPORI TUTTO ATTRAVERSO UNO SPAZIO TRA IL COPERCHIO E LA PENTOLA.

1 oncia di funghi shiitake secchi

1½ tazze di erba cipollina affettata

1 pera asiatica, sbucciata, snocciolata e tritata

1 pezzo di zenzero fresco da 3 pollici, sbucciato e tritato

1 peperone serrano, tritato finemente (senza semi se lo si desidera) (vedi mancia)

5 spicchi d'aglio

1 cucchiaio di olio di cocco raffinato

5 kg di costine di manzo con osso

Pepe nero appena macinato

4 tazze di brodo di ossa di manzo (vedi reddito) o brodo di carne non salato

2 tazze di funghi shiitake freschi affettati

1 cucchiaio di buccia d'arancia grattugiata finemente

⅓ tazza di succo fresco

Cavolo saltato con lo zenzero (vedi reddito, inferiore)

Buccia d'arancia finemente grattugiata (facoltativa)

1. Preriscaldare il forno a 325°F. Metti i funghi shiitake secchi in una piccola ciotola; aggiungere abbastanza acqua bollente da coprire. Lasciare riposare per circa 30 minuti o fino a quando reidratato e morbido. Scolare, riservando il liquido di ammollo. Tritare finemente i funghi. Metti i funghi in una piccola ciotola; coprire e conservare in

frigorifero fino a quando necessario al passaggio 4. Mettere da parte i funghi e il liquido.

2. Per la salsa, in un robot da cucina, unire la cipolla, la pera asiatica, lo zenzero, il serrano, l'aglio e il liquido dei funghi messo da parte. Coprire e lavorare fino a che liscio. Mettere da parte la salsa.

3. In un forno olandese da 6 litri, scalda l'olio di cocco a fuoco medio-alto. Cospargere le costine con pepe nero appena macinato. Cuocere le costole, in lotti, in olio di cocco caldo per circa 10 minuti o fino a quando non sono ben dorate su tutti i lati, girando a metà cottura. Riporta tutte le costole in padella; aggiungere la salsa e il brodo di ossa di manzo. Coprire il forno olandese con un coperchio aderente. Arrostire per circa 10 ore o fino a quando la carne è molto tenera e si stacca dall'osso.

4. Rimuovere con attenzione le costine dalla salsa. Metti le costolette e la salsa in ciotole separate. Coprire e conservare in frigorifero durante la notte. Quando è freddo, togliere il grasso dalla superficie della salsa e scartarlo. Portare a ebollizione la salsa a fuoco vivo; aggiungere i funghi ammollati del passaggio 1 e i funghi freschi. Far bollire dolcemente per 10 minuti per ridurre la salsa e intensificare i sapori. Riporta le costole alla salsa; far bollire fino a quando non viene riscaldato. Aggiungere 1 cucchiaio di buccia d'arancia e succo d'arancia. Viene servito con cavolo allo zenzero saltato. Cospargere con ulteriore scorza d'arancia se lo si desidera.

Cavolo allo zenzero saltato: in una padella capiente, scalda 1 cucchiaio di olio di cocco raffinato a fuoco medio-alto. Aggiungere 2 cucchiai di zenzero fresco tritato; 2 spicchi d'aglio tritati; e pepe rosso macinato a piacere. Cuocere e mescolare fino a quando non è fragrante, circa 30 secondi. Aggiungere 6 tazze di nappa sminuzzata, verza o cavolo verde e 1 pera asiatica, sbucciata, snocciolata e affettata sottilmente. Cuocere e mescolare per 3 minuti o fino a quando il cavolo appassisce un po' e la pera si ammorbidisce. Mescolare in ½ tazza di succo di mela non zuccherato. Coprire e cuocere per circa 2 minuti fino a quando il cavolo è tenero. Mescolare ½ tazza di tè a fette e 1 cucchiaio di semi di sesamo.

COSTOLETTE DI MANZO CON GREMOLATA DI AGRUMI E FINOCCHIO

FORMAZIONE: 40 minuti grill: 8 minuti cottura lenta: 9 ore (bassa) o 4 ore e mezza (alta)
Resa: 4 porzioni

LA GREMOLATA È UN GUSTOSO IMPASTO DI PREZZEMOLO, AGLIO E SCORZA DI LIMONE CHE VIENE COSPARSA SULL'OSSOBUCO - IL CLASSICO PIATTO ITALIANO DI BOLLITO DI VITELLO - PER ESALTARNE L'AROMA RICCO E UNTUOSO. CON L'AGGIUNTA DI SCORZA D'ARANCIA E FOGLIE DI FINOCCHIO FRESCO, FA LO STESSO PER QUESTE TENERE COSTINE.

COSTOLETTE
- Costolette di manzo da 2 ½ a 3 libbre
- 3 cucchiai di condimento al limone e alle erbe (vedi reddito)
- 1 finocchio medio
- 1 cipolla grande, tagliata a fette grandi
- 2 tazze di brodo di ossa di manzo (vedi reddito) o brodo di carne non salato
- 2 spicchi d'aglio tagliati a metà

ZUCCA ARROSTO
- 3 cucchiai di olio extravergine di oliva
- 1 libbra di zucca butternut, sbucciata, senza semi e tagliata in pezzi da ½ pollice (circa 2 tazze)
- 4 cucchiaini di timo fresco tritato
- Olio extravergine d'oliva

SGUALCITO
- ¼ di tazza di prezzemolo fresco tritato
- 2 cucchiai di aglio tritato
- 1 cucchiaino e mezzo di scorza di limone finemente grattugiata
- 1 cucchiaino e mezzo di buccia d'arancia grattugiata finemente

1. Cospargere le costine con il condimento alla citronella; strofinare delicatamente la carne con le dita; accantonare. Rimuovere le foglie di finocchio; riservato alla Gremolata Agrumi-Finocchi. Tagliare e tagliare in quattro il bulbo di finocchio.

2. Per una griglia a carbone, sistemare le braci a fuoco medio su un lato della griglia. Prova a fuoco medio sul lato non carbonella della griglia. Posizionare le costole sulla griglia sul lato non carbonizzato; posizionare i quarti di finocchio e le fettine di cipolla sulla griglia direttamente sopra la brace. Coprire e grigliare per 8-10 minuti o fino a quando le verdure e le costole sono appena dorate, girando una volta a metà cottura. (Per una griglia a gas, preriscaldare la griglia, ridurre il calore a medio. Regolare per la cottura indiretta. Mettere le costolette sulla griglia sopra il bruciatore; posizionare il finocchio e le cipolle sulla griglia sopra il bruciatore. Coprire anche la griglia come indicato.) Quando è abbastanza freddo da poter essere maneggiato grossolanamente tritare il finocchio e la cipolla.

3. In una pentola a cottura lenta da 5-6 quarti, unire il finocchio e la cipolla tritati, il brodo di ossa di manzo e l'aglio. Aggiungi le costole. Coprire e cuocere a fuoco basso per 9-10 ore o da 4½ a 5 ore in alto. Usando un cucchiaio forato, trasferisci le costole sul piatto; coprire con un foglio per tenerlo al caldo.

4. Nel frattempo, per la zucca, scalda i 3 cucchiai di olio in una padella capiente a fuoco medio-alto. Aggiungi la zucca e 3 cucchiai di timo, mescolando per ricoprire la zucca.

Disporre la zucca in un unico strato nella padella e cuocere senza mescolare per circa 3 minuti o fino a doratura sul lato inferiore. Capovolgi i pezzi di zucca; cuocere per circa altri 3 minuti o fino a quando il secondo lato è dorato. Ridurre il calore al minimo; coprire e cuocere per 10-15 minuti o finché sono teneri. Cospargere con il rimanente 1 cucchiaino di timo fresco; condire con olio extravergine di oliva.

5. Per la gremolata, trita finemente le foglie di finocchio messe da parte per ottenere ¼ di tazza. In una piccola ciotola, unire le foglie di finocchio tritate, il prezzemolo, l'aglio, la scorza di limone e la scorza di arancia.

6. Cospargere la gremolata sulle costine. Servire con la zucca.

HAMBURGER DI MANZO ALLA SVEDESE CON INSALATA DI CETRIOLI CON SENAPE E ANETO

FORMAZIONE: 30 minuti tempo di cottura: 15 minuti per: 4 porzioni

BEEF À LA LINDSTROM È UN HAMBURGER SVEDESECHE È TRADIZIONALMENTE COSTELLATO DI CIPOLLE, CAPPERI E BARBABIETOLE SOTTACETO SERVITO CON SALSA E SENZA PANE. QUESTA VERSIONE AL PIMENTO SOSTITUISCE LE BARBABIETOLE ARROSTITE CON BARBABIETOLE SOTT'ACETO E CAPPERI ED È CONDITA CON UN UOVO FRITTO.

INSALATA DI CETRIOLI

- 2 cucchiaini di succo d'arancia fresco
- 2 cucchiaini di aceto di vino bianco
- 1 cucchiaino di senape alla Dijon (vreddito)
- 1 cucchiaio di olio extravergine di oliva
- 1 cetriolo grande senza semi (inglese), sbucciato e affettato
- 2 cucchiai di erba cipollina affettata
- 1 cucchiaio di aneto tritato fresco

HAMBURGER DI MANZO

- 1 chilogrammo di carne macinata
- ¼ tazza di cipolla tritata finemente
- 1 cucchiaio di senape alla Digione (vedireddito)
- ¾ cucchiaino di pepe nero
- ½ cucchiaino di pimento
- ½ barbabietola piccola, arrostita, sbucciata e tritata finemente*
- 2 cucchiai di olio extravergine di oliva
- ½ tazza di brodo di ossa di manzo (vedireddito) o brodo di carne non salato
- 4 uova grandi
- 1 cucchiaio di erba cipollina tritata

1. Per l'insalata di cetrioli, in una ciotola capiente, unire il succo d'arancia, l'aceto e la senape alla Digione. Aggiungere lentamente l'olio d'oliva in un filo sottile, sbattendo fino a quando la salsa si addensa leggermente. Aggiungi cetriolo, scalogno e aneto; mescolare fino a quando combinato. Coprire e conservare in frigorifero fino al momento di servire.

2. Per le polpette di manzo, in una ciotola capiente unire la carne macinata, la cipolla, la senape di Digione, il pepe e il pimento. Aggiungere le barbabietole arrostite e mescolare delicatamente fino a incorporarle uniformemente nella carne. Modella il composto in quattro polpette spesse mezzo pollice.

3. In una padella capiente, scalda 1 cucchiaio di olio d'oliva a fuoco medio-alto. Friggere le polpette per circa 8 minuti o finché non sono dorate all'esterno e cotte (160°), girandole una volta. Trasferire le polpette in un piatto e coprirle leggermente con un foglio di alluminio per tenerle al caldo. Aggiungi il brodo di ossa di manzo, mescolando per raschiare eventuali pezzetti dorati dal fondo della padella. Cuocere per circa 4 minuti o fino a quando ridotto della metà. Irrorare le polpette con i succhi di padella ridotti e coprire di nuovo.

4. Risciacquare e pulire la padella con un tovagliolo di carta. Scaldare il rimanente 1 cucchiaio di olio d'oliva a fuoco medio. Friggi le uova nell'olio bollente per 3-4 minuti o fino a quando gli albumi non si sono fissati ma i tuorli sono ancora morbidi e semiliquidi.

5. Metti un uovo su ogni polpettone. Cospargere con erba cipollina e servire con insalata di cetrioli.

*Suggerimento: per friggere le barbabietole, strofinarle bene e adagiarle su un foglio di alluminio. Condire con un filo d'olio d'oliva. Avvolgere in un foglio di alluminio e chiudere bene. Arrostire in un forno a 375 ° F per circa 30 minuti o fino a quando una forchetta non perfora facilmente le barbabietole. Lascialo raffreddare; scivolare la pelle. (Le barbabietole possono essere arrostite fino a 3 giorni prima. Avvolgere strettamente le barbabietole arrostite sbucciate e conservare in frigorifero.)

HAMBURGER DI MANZO RIPIENI DI RUCOLA CON RADICI FRITTE

FORMAZIONE: 40 minuti Cottura: 35 minuti Arrostimento: 20 minuti Dosi: 4 porzioni

CI SONO MOLTI ELEMENTI PER QUESTI ABBONDANTI HAMBURGER - E CI VUOLE UN PO' DI TEMPO PER ESSERE MESSI INSIEME - MA L'INCREDIBILE COMBINAZIONE DI SAPORI NE VALE LA PENA: UN TORTINO DI MANZO È CONDITO CON CIPOLLE CARAMELLATE E SALSA DI FUNGHI E SERVITO CON VERDURE ARROSTITE E RUCOLA CON PEPE..

- 5 cucchiai di olio extravergine di oliva
- 2 tazze di funghi freschi affettati, cremini e/o shiitake
- 3 cipolle gialle, affettate sottilmente*
- 2 cucchiaini di semi di cumino
- 3 carote, sbucciate e tagliate a pezzi da 1 pollice
- 2 pastinache, sbucciate e tagliate a pezzi da 1 pollice
- 1 zucchina, tagliata a metà, senza semi e affettata
- Pepe nero appena macinato
- 2 chilogrammi di carne macinata
- ½ tazza di cipolla tritata finemente
- 1 cucchiaio di miscela di condimento universale non salata
- 2 tazze di brodo di ossa di manzo (vedi reddito) o brodo di carne non salato
- ¼ tazza di succo di mela non zuccherato
- 1 o 2 cucchiai di sherry secco o aceto di vino bianco
- 1 cucchiaio di senape alla Digione (vedi reddito)
- 1 cucchiaio di foglie di timo fresco tritato
- 1 cucchiaio di foglie di prezzemolo fresco tritato
- 8 tazze di foglie di rucola

1. Preriscaldare il forno a 425°F. Per la salsa, in una padella capiente, scalda 1 cucchiaio di olio d'oliva a fuoco medio-alto. Aggiungi i funghi; cuocere e mescolare per circa 8

minuti o fino a doratura e tenera. Con una schiumarola trasferite i funghi in un piatto. Riporta la padella sul fuoco; ridurre il calore a medio. Aggiungi al restante 1 cucchiaio di olio d'oliva, cipolla affettata e semi di cumino. Coprire e cuocere per 20-25 minuti o fino a quando le cipolle sono molto morbide e ben dorate, mescolando di tanto in tanto. (Regola il calore secondo necessità per evitare che le cipolle si brucino.)

2. Nel frattempo, per gli ortaggi a radice arrostiti, in una teglia capiente, disporre le carote, le rape e le zucchine. Condire con 2 cucchiai di olio d'oliva e spolverare di pepe a piacere; mescolare per ricoprire le verdure. Cuocere per 20-25 minuti o fino a quando non diventa morbido e inizia a dorare, girando una volta a metà della padella. Mantieni le verdure calde fino al momento di servire.

3. Per gli hamburger, in una ciotola capiente, unire la carne macinata, la cipolla tritata e il mix di spezie. Dividi il composto di carne in quattro parti uguali e forma delle polpette, spesse circa ¾ di pollice. In una padella molto grande, scalda il rimanente 1 cucchiaio di olio d'oliva a fuoco medio-alto. Aggiungi le polpette in padella; cuocere per circa 8 minuti o fino a doratura su entrambi i lati, girando una volta. Trasferisci gli hamburger in un piatto.

4. Aggiungi le cipolle caramellate, i funghi riservati, il brodo di ossa di manzo, il succo di mela, lo sherry e la senape alla Digione nella padella, mescolando per unire. Metti le polpette nella padella. Portare ad ebollizione. Cuocere fino a quando le polpette sono pronte (160 ° F), circa 7-8

minuti. Mescolare con timo fresco, prezzemolo e pepe a piacere.

5. Per servire, disporre 2 tazze di rucola su ciascuno dei 4 piatti. Dividi le verdure arrostite tra le insalate e aggiungi le polpette. Versare generosamente il composto di cipolle sulle polpette.

*Suggerimento: una mandolina è molto utile per affettare sottilmente le cipolle.

HAMBURGER DI MANZO ALLA GRIGLIA CON POMODORI IN CROSTA DI SESAMO

FORMAZIONE: 30 minuti Standby: 20 minuti Grill: 10 minuti Produce: 4 porzioni

FETTE CROCCANTI DI POMODORI DORATI CON UNA CROSTA DI SESAMOSOSTITUISCI I TRADIZIONALI PANINI AL SESAMO CON QUESTI TORTINI AFFUMICATI. SERVITELI CON FORCHETTA E COLTELLO.

Fette di pomodoro rosse o verdi spesse 4 ½ pollici*
1¼ libbre di manzo magro
1 cucchiaio di spezie affumicate (vedireddito)
1 uovo grande
¾ tazza di farina di mandorle
¼ tazza di semi di sesamo
¼ cucchiaino di pepe nero
1 cipolla rossa piccola, tagliata a metà e affettata
1 cucchiaio di olio extravergine di oliva
¼ di tazza di olio di cocco raffinato
1 cespo piccolo di lattuga Bibb
Paleo ketchup (vedireddito)
Senape alla Digione (vedireddito)

1. Adagiare le fette di pomodoro su un doppio strato di carta assorbente. Coprire i pomodori con un altro doppio strato di carta assorbente. Premere delicatamente sulla carta assorbente in modo che aderisca ai pomodori. Lasciare riposare a temperatura ambiente per 20-30 minuti per consentire l'assorbimento di parte del succo di pomodoro.

2. Nel frattempo, in una ciotola capiente, unire la carne macinata e il condimento affumicato. Forma in quattro polpette spesse mezzo pollice.

3. In una ciotola poco profonda, sbatti leggermente l'uovo con una forchetta. In un'altra ciotola poco profonda, unisci la farina di mandorle, i semi di sesamo e il pepe. Immergi ogni fetta di pomodoro nell'uovo, girando per ricoprire. Lasciate sgocciolare l'uovo in eccesso. Immergere ogni fetta di pomodoro nella miscela di farina di mandorle, girando per ricoprire. Disporre i pomodori ricoperti su un piatto piano; accantonare. Mescolare le fette di cipolla con l'olio d'oliva; mettere le fette di cipolla in un cestello per griglia.

4. Per una griglia a carbone oa gas, metti le cipolle nel cestello e le polpette sulla griglia a fuoco medio. Coprire e grigliare per 10-12 minuti o le cipolle sono dorate e leggermente carbonizzate e le polpette sono cotte (160°), mescolando le cipolle di tanto in tanto e girando le polpette una volta.

5. Nel frattempo, in una padella capiente, scalda l'olio a fuoco medio. Aggiungi le fette di pomodoro; cuocere da 8 a 10 minuti o fino a doratura, girando una volta. (Se i pomodori stanno rosolando troppo velocemente, riduci il fuoco a medio-basso. Aggiungi più olio se necessario.) Scolali su un piatto foderato con salviette di carta.

6. Per servire, dividi la lattuga in quattro piatti. Completare con polpette, cipolle, Paleo Ketchup, senape alla Digione e pomodori in crosta di sesamo.

*Nota: probabilmente avrai bisogno di 2 pomodori grandi. Se usate pomodori rossi, scegliete pomodori maturi ma ancora un po' sodi.

HAMBURGER SU STECCO CON SALSA BABA GHANUSH

ASSORBIRE:15 minuti Preparazione: 20 minuti Grill: 35 minuti Per: 4 porzioni

BABA GHANOUSH È UNA DIFFUSIONE MEDIORIENTALEA BASE DI PUREA DI MELANZANE AFFUMICATE ALLA GRIGLIA CON OLIO D'OLIVA, LIMONE, AGLIO E TAHINI, UNA PASTA A BASE DI SEMI DI SESAMO MACINATI. UN PIZZICO DI SEMI DI SESAMO VA BENE, MA QUANDO VENGONO TRASFORMATI IN UN OLIO O IN UNA PASTA, DIVENTANO UNA FONTE CONCENTRATA DI ACIDO LINOLEICO, CHE PUÒ CONTRIBUIRE ALL'INFIAMMAZIONE. IL BURRO DI PINOLI USATO QUI È UN BUON SOSTITUTO.

4 pomodori secchi

1½ kg di manzo magro macinato

3-4 cucchiai di cipolla tritata

1 cucchiaio di origano fresco tritato finemente e/o menta fresca tritata finemente o ½ cucchiaino di origano secco tritato

¼ di cucchiaino di pepe di cayenna

Salsa Baba Ghanush (vedireddito, inferiore)

1. Immergere otto spiedini di legno da 10 pollici in acqua per 30 minuti. Nel frattempo, in una piccola ciotola, versare acqua bollente sui pomodori; lasciare riposare per 5 minuti per reidratarsi. Scolate i pomodori e asciugateli con della carta assorbente.

2. In una ciotola capiente, unire i pomodori tritati, il manzo, la cipolla, l'origano e il pepe di cayenna. Dividi il composto di carne in otto porzioni; arrotolare ogni porzione in una palla. Rimuovere gli spiedini dall'acqua; Asciutto. Posiziona una palla su uno spiedino e modellala in un

lungo ovale attorno allo spiedino, iniziando appena sotto l'estremità appuntita e lasciando abbastanza spazio all'altra estremità per tenere lo spiedino. Ripeti con gli spiedini e le palline rimanenti.

3. Per una griglia a carbone oa gas, posizionare gli spiedini di carne su una griglia diretta a fuoco medio. Coprire e cuocere alla griglia per circa 6 minuti o fino a cottura ultimata (160 ° F), girando una volta a metà cottura. Servire con salsa Baba Ghanush.

Salsa Baba Ghanoush: Bucherellare 2 melanzane medie in più punti con una forchetta. Per una griglia a carbone o a gas, posiziona le melanzane su una griglia direttamente a fuoco medio. Coprire e grigliare per 10 minuti o fino a carbonizzare su tutti i lati, girando più volte durante la grigliatura. Rimuovere le melanzane e avvolgerle con cura in un foglio di alluminio. Rimetti le melanzane avvolte sulla griglia, ma non direttamente sulla brace. Coprire e grigliare per altri 25-35 minuti o fino a quando diventa friabile e molto tenero. Freddo. Tagliate a metà le melanzane e raschiate la polpa; mettere la carne in un robot da cucina. Aggiungi ¼ di tazza di burro di pinoli (vedi_reddito_); ¼ tazza di succo di limone fresco; 2 spicchi d'aglio tritati; 1 cucchiaio di olio extravergine di oliva; 2 o 3 cucchiai di prezzemolo fresco tritato; e ½ cucchiaino di cumino macinato. Coprire e lavorare fino a quasi liscio. Se la salsa è troppo densa per essere diluita, aggiungi abbastanza acqua per ottenere la consistenza desiderata.

PEPERONI RIPIENI AFFUMICATI

FORMAZIONE:20 minuti di cottura: 8 minuti di cottura: 30 minuti Per: 4 porzioni

RENDI QUESTA FAMIGLIA LA TUA PREFERITACON UN MIX DI PEPERONI COLORATI PER UNA BELLA GUARNIZIONE. I POMODORI ARROSTITI SONO UN BUON ESEMPIO DI COME AGGIUNGERE SAPORE AL CIBO IN MODO SANO. IL SEMPLICE ATTO DI ARROSTIRE LEGGERMENTE I POMODORI PRIMA DELL'INSCATOLAMENTO (SENZA SALE) NE ESALTA IL SAPORE.

- 4 peperoni grandi verdi, rossi, gialli e/o arancioni
- 1 chilogrammo di carne macinata
- 1 cucchiaio di spezie affumicate (vedireddito)
- 1 cucchiaio di olio extravergine di oliva
- 1 cipolla gialla piccola, tritata
- 3 spicchi d'aglio, tritati
- 1 cavolfiore a testa piccola, privato dei semi e tagliato a cimette
- 1 lattina da 15 once di pomodori arrostiti al fuoco non salati, scolati
- ¼ di tazza di prezzemolo fresco tritato
- ½ cucchiaino di pepe nero
- ⅛ cucchiaino di pepe di cayenna
- ½ tazza di granella di noci (vedireddito, inferiore)

1. Preriscaldare il forno a 375°F. Tagliare i peperoni a metà verticalmente. Rimuovere steli, semi e membrane; gettare Separare le metà del peperone.

2. Metti la carne in una ciotola media; cospargere con la spezia affumicata. Usa le mani per mescolare delicatamente le spezie nella carne.

3. In una padella capiente, scalda l'olio a fuoco medio. Aggiungi carne, cipolla e aglio; cuocere fino a quando la carne è

dorata e la cipolla è morbida, mescolando con un cucchiaio di legno per spezzettare la carne. Togli la padella dal fuoco.

4. Lavorare le cimette di cavolfiore in un robot da cucina fino a tritarle finemente. (Se non hai un robot da cucina, grattugia il cavolfiore.) Misura 3 tazze di cavolfiore. Aggiungi il composto di manzo nella padella. (Se è rimasto del cavolfiore, conservalo per un altro uso.) Aggiungi i pomodori scolati, il prezzemolo, il pepe nero e il pepe di cayenna.

5. Farcire le metà del peperone con la miscela di carne macinata, impacchettare leggermente e impacchettare leggermente. Disporre le metà del peperone ripieno su una teglia. Cuocere per 30-35 minuti o fino a quando i peperoni sono teneri.* Completare con la mollica di noci pecan. Se lo si desidera, rimettere in forno per 5 minuti per una copertura croccante prima di servire.

Topping di briciole di noci: in una padella media, scalda 1 cucchiaio di olio extra vergine di oliva a fuoco medio-basso. Mescolare 1 cucchiaino di timo essiccato, 1 cucchiaino di paprika affumicata e ¼ di cucchiaino di aglio in polvere. Aggiungi 1 tazza di noci tritate finemente. Cuocere e mescolare per circa 5 minuti o fino a quando le noci sono dorate e leggermente tostate. Mescolare un pizzico o due di pepe di cayenna. Lascia raffreddare completamente. Conservare la glassa rimanente in un contenitore ermeticamente chiuso in frigorifero fino al momento dell'uso. Fa 1 tazza.

*Nota: se si utilizzano peperoni verdi, cuocere per altri 10 minuti.

HAMBURGER DI BISONTE CON CIPOLLE CABERNET E RUCOLA

FORMAZIONE:30 minuti per cuocere: 18 minuti per grigliare: 10 minuti per preparare: 4 porzioni

IL BISONTE HA UN CONTENUTO DI GRASSI MOLTO BASSOE CUCINERÀ DAL 30% AL 50% PIÙ VELOCEMENTE DELLA CARNE DI MANZO. LA CARNE MANTIENE IL SUO COLORE ROSSO DOPO LA COTTURA, QUINDI IL COLORE NON È UN INDICATORE DI COTTURA. POICHÉ IL BISONTE È MOLTO MAGRO, NON CUOCERLO AL DI SOPRA DI UNA TEMPERATURA INTERNA DI 155 ° F.

- 2 cucchiai di olio extravergine di oliva
- 2 grandi cipolle dolci, affettate sottilmente
- ¾ tazza di Cabernet Sauvignon o altro vino rosso secco
- 1 cucchiaino di spezie mediterranee (vreddito)
- ¼ tazza di olio extra vergine di oliva
- ¼ di tazza di aceto balsamico
- 1 cucchiaio di scalogno tritato finemente
- 1 cucchiaio di basilico fresco tritato
- 1 piccolo spicchio d'aglio, tritato
- 1 chilogrammo di bisonte macinato
- ¼ di tazza di pesto di basilico (vedireddito)
- 5 tazze di rucola
- Pistacchi crudi, non salati, tostati (vedimancia)

1. Scaldare 2 cucchiai di olio d'oliva in una padella capiente a fuoco medio-basso. Aggiungi la cipolla. Cuocere, coperto, per 10-15 minuti o fino a quando la cipolla è tenera, mescolando di tanto in tanto. Scoprire; cuocere e mescolare a fuoco medio-alto da 3 a 5 minuti o fino a

quando le cipolle sono dorate. Aggiungere il vino; cuocere per circa 5 minuti o fino a quando la maggior parte del vino è evaporata. Cospargere con condimento mediterraneo; tenere caldo

2. Nel frattempo, per la vinaigrette, in un barattolo con tappo a vite, unire ¼ di tazza di olio d'oliva, aceto, scalogno, basilico e aglio. Coprire e agitare bene.

3. In una ciotola capiente, mescola delicatamente il bisonte macinato e il pesto di basilico. Modella delicatamente il composto di carne in quattro polpette spesse ¾ di pollice.

4. Per una griglia a carbone oa gas, posizionare le polpette su una griglia leggermente unta direttamente a fuoco medio. Coprire e grigliare per circa 10 minuti fino alla cottura desiderata (145 ° F per mediamente cotta o 155 ° F per media), girando una volta a metà cottura.

5. Metti la rucola in una ciotola capiente. Spruzzare la vinaigrette sulla rucola; gioca a vestirti. Per servire, dividi le cipolle in quattro piatti; sopra ciascuno con un panino di bisonte. Guarnire gli hamburger con la rucola e cospargere di pistacchi.

POLPETTONE DI BISONTE E AGNELLO CON SMOG SVIZZERO E PATATE DOLCI

FORMAZIONE:Tempo di cottura 1 ora: 20 minuti Tempo di cottura: 1 ora Tempo di cottura: 10 minuti Dosi: 4

QUESTO È UN BUON CIBO DI CONFORTO VECCHIO STILE.CON UN TOCCO MODERNO. UNA SALSA IN PADELLA CON VINO ROSSO DÀ SAPORE IN PIÙ ALLA BISTECCA, E LO SMOG ALL'AGLIO E LE PURÈ DI PATATE DOLCI CON CREMA DI ANACARDI E OLIO DI COCCO OFFRONO UN INCREDIBILE CONTENUTO NUTRIZIONALE.

2 cucchiai di olio d'oliva

1 tazza di funghi cremini tritati

½ tazza di cipolla rossa tritata finemente (1 media)

½ tazza di sedano tritato (1 gambo)

⅓ tazza di carote tritate finemente (1 piccola)

½ di una piccola mela snocciolata, sbucciata e tagliata a cubetti

2 spicchi d'aglio, tritati

½ cucchiaino di spezie mediterranee (vedireddito)

1 uovo grande, leggermente sbattuto

1 cucchiaio di salvia fresca tritata

1 cucchiaio di timo fresco tritato

8 once di bisonte macinato

8 once di agnello o manzo macinato

¾ bicchiere di vino rosso secco

1 scalogno medio, tritato finemente

¾ tazza di brodo di ossa di manzo (vedireddito) o brodo di carne non salato

Purè di patate dolci (vedireddito, inferiore)

Bietole con aglio (vedireddito, inferiore)

1. Preriscaldare il forno a 350°F. In una padella capiente, scaldare l'olio a fuoco medio. Aggiungere i funghi, le

cipolle, il sedano e le carote; cuocere e mescolare per circa 5 minuti o fino a quando le verdure sono tenere. Ridurre il calore al minimo; aggiungere la mela grattugiata e l'aglio. Cuocere, coperto, per circa 5 minuti o fino a quando le verdure sono molto tenere. Togliere dal fuoco; mescolare le spezie mediterranee.

2. Usando un mestolo forato, trasferisci il composto di funghi in una ciotola capiente, conservando i succhi nella padella. Mescolare l'uovo, la salvia e il timo. Aggiungi bisonte e agnello macinato; mescolare delicatamente. Mettere il composto di carne in una teglia rettangolare da 2 litri; formare un rettangolo di 7 × 4 pollici. Cuocere per circa 1 ora o fino a quando un termometro a lettura istantanea registra 155 ° F. Lasciare riposare 10 minuti. Rimuovere con attenzione la bistecca su un piatto. Coprire e tenere al caldo.

3. Per la salsa in padella, raschiare i gocciolamenti e i pezzetti dorati croccanti dalla padella nei gocciolamenti riservati. Aggiungere il vino e l'erba cipollina. Portare a ebollizione a fuoco medio; cuocere fino a ridurlo della metà. Aggiungere il brodo di ossa di manzo; cuocere e mescolare fino a ridurlo della metà. Togli la padella dal fuoco.

4. Per servire, dividi il purè di patate dolci in quattro piatti; coprire con un po' di smog di aglio. fetta di carne macinata; mettere le fette di mangla e l'acqua con la salsa di padella.

Purè di patate dolci: sbucciare e tritare grossolanamente 4 patate dolci medie. In una pentola capiente, fai bollire le patate in acqua bollente sufficiente a coprire per 15 minuti o finché sono teneri; perdita Purea con purè di patate. Aggiungere ½ tazza di crema di anacardi (vedi<u>reddito</u>) e 2 cucchiai di olio di cocco non raffinato; impastare fino a ottenere un composto omogeneo. Tenere caldo.

Pannocchia: rimuovi i gambi da 2 fasci di pannocchia e scartali. Tritare grossolanamente le foglie. In una padella capiente, scalda 2 cucchiai di olio d'oliva a fuoco medio. Aggiungere gli scalogni e 2 spicchi d'aglio tritati; cuocere fino ad appassire, rigirando di tanto in tanto.

POLPETTE DI BISONTE CON SALSA DI MELE RIBES CON PAPPARDELLE DI ZUCCHINE

FORMAZIONE:25 minuti di cottura: 15 minuti di cottura: 18 minuti Fa: 4 porzioni

LE POLPETTE RISULTERANNO MOLTO UMIDE.MENTRE LI FORMI. PER EVITARE CHE IL COMPOSTO DI CARNE SI ATTACCHI ALLE MANI, TIENI A PORTATA DI MANO UNA CIOTOLA DI ACQUA FREDDA E BAGNATI LE MANI DI TANTO IN TANTO MENTRE LAVORI. CAMBIARE L'ACQUA UN PAIO DI VOLTE DURANTE LA PREPARAZIONE DELLE POLPETTE.

POLPETTE
- Olio
- ½ tazza di cipolla rossa tritata grossolanamente
- 2 spicchi d'aglio, tritati
- 1 uovo, leggermente sbattuto
- ½ tazza di funghi e gambi tritati finemente
- 2 cucchiai di prezzemolo italiano fresco (foglia piatta), tritato
- 2 cucchiaini di olio d'oliva
- Bisonte macinato da 1 libbra (macinato grossolanamente se disponibile)

SALSA DI MELE RIBES
- 2 cucchiai di olio d'oliva
- 2 grandi mele Granny Smith, sbucciate, private del torsolo e tritate finemente
- 2 scalogni, tritati
- 2 cucchiai di succo di limone fresco
- ½ tazza di brodo di ossa di pollo (vedireddito) o brodo di pollo non salato
- 2 o 3 cucchiai di ribes essiccati

PAPPARDELLE DI ZUCCHINE
- 6 zucche

2 cucchiai di olio d'oliva

¼ di tazza di erba cipollina tritata

½ cucchiaino di pepe rosso macinato

2 spicchi d'aglio, tritati

1. Per le polpette, preriscaldare il forno a 170°C. Oliare leggermente una teglia cerchiata; accantonare. In un robot da cucina o frullatore, unire la cipolla e l'aglio. Pulsare fino a che liscio. Trasferisci il composto di cipolle in una ciotola media. Aggiungere l'uovo, i funghi, il prezzemolo e 2 cucchiai di olio; mescolare per unire. Aggiungi bisonte macinato; mescolare delicatamente ma bene. Dividi il composto di carne in 16 porzioni; muffa nelle polpette. Disporre le polpette, uniformemente distanziate, sulla teglia preparata. Cuocere per 15 minuti; accantonare.

2. Per la salsa, scalda 2 cucchiai di olio in una padella a fuoco medio. Aggiungi mele e scalogno; cuocere e mescolare per 6-8 minuti o fino a quando sono molto teneri. Mescolare il succo di limone. Trasferisci il composto in un robot da cucina o in un frullatore. Coprire e lavorare o frullare fino a che liscio; tornare nella padella. Mescolare il brodo di ossa di pollo e il ribes. Portare ad ebollizione; ridurre il calore. Cuocere, scoperto, per 8-10 minuti, mescolando spesso. Aggiungi le polpette; cuocere e mescolare a fuoco basso fino a quando non si saranno riscaldati.

3. Nel frattempo, per le pappardelle, tagliate le estremità delle zucchine. Usando una mandolina o un pelapatate molto affilato, grattugiate le zucchine a listarelle sottili. (Per mantenere intatti i nastri, smetti di raschiare quando arrivi ai semi al centro della zucca.) In una padella capiente, scalda 2 cucchiai di olio a fuoco medio.

Mescolare l'erba cipollina, il peperoncino tritato e l'aglio; cuocere e mescolare per 30 secondi. Aggiungere le strisce di zucchine. Cuocere e mescolare delicatamente per circa 3 minuti o solo fino a quando appassito.

4. Per servire, suddividere le pappardelle in quattro piatti; top con polpette e salsa di mele e ribes.

BOLOGNESE DI BISONTE E PORCINI CON SPAGHETTI ALL'AGLIO FRITTI

FORMAZIONE:Tempo di cottura 30 minuti: 1 ora e 30 minuti Tempo di cottura: 35 minuti Dosi: 6 porzioni

SE PENSAVI DI AVER MANGIATOIL TUO ULTIMO PIATTO DI SPAGHETTI E RAGÙ QUANDO HAI SEGUITO LA DIETA PALEO®, RIPENSACI. QUESTO RICCO BOLOGNESE AROMATIZZATO CON AGLIO, VINO ROSSO E FUNGHI PORCINI LOCALI È ACCOMPAGNATO DA FILI DOLCI E SALATI DI SPAGHETTI ALLA ZUCCA. NON PERDERAI IMPASTO.

1 oncia di funghi porcini secchi

1 tazza di acqua bollente

3 cucchiai di olio extravergine di oliva

1 chilogrammo di bisonte macinato

1 tazza di carote tritate (2)

½ tazza di cipolla tritata (1 media)

½ tazza di sedano tritato (1 gambo)

4 spicchi d'aglio, tritati

3 cucchiai di concentrato di pomodoro non salato

½ bicchiere di vino rosso

2 lattine da 15 once di pomodori schiacciati senza aggiunta di sale

1 cucchiaino di origano essiccato, tritato

1 cucchiaino di timo essiccato, tritato

½ cucchiaino di pepe nero

1 zucca spaghetti media (da 2 ½ a 3 libbre)

1 spicchio d'aglio

1. In una ciotolina unire i funghi porcini e l'acqua bollente; lasciate riposare per 15 minuti. Filtrare attraverso un setaccio rivestito con una garza di cotone al 100%,

riservando il liquido di ammollo. Tritare i funghi; accantonare.

2. In un forno olandese da 4-5 litri, scalda 1 cucchiaio di olio d'oliva a fuoco medio. Aggiungere il bisonte macinato, le carote, la cipolla, il sedano e l'aglio. Cuocere fino a quando la carne è dorata e le verdure sono tenere, mescolando con un cucchiaio di legno per spezzettare la carne. Aggiungi il concentrato di pomodoro; cuocere e mescolare per 1 minuto. Aggiungi vino rosso; cuocere e mescolare per 1 minuto. Mescolare i funghi porcini, i pomodori, l'origano, il timo e il pepe. Aggiungi il liquido dei funghi riservato, facendo attenzione a non aggiungere sabbia o graniglia che potrebbero essere presenti sul fondo della pentola. Portare a ebollizione, mescolando di tanto in tanto; ridurre il calore al minimo. Cuocere, coperto, per 1 ½ o 2 ore o fino alla consistenza desiderata.

3. Nel frattempo, preriscalda il forno a 170°C. Tagliare la zucca a metà nel senso della lunghezza; raschiare i semi. Metti le metà della zucca, con i lati tagliati verso il basso, in una grande teglia. Con una forchetta forare tutta la pelle. Taglia la parte superiore di ½ pollice dalla testa d'aglio. Mettere l'aglio, con la parte tagliata verso l'alto, nella teglia con le zucchine. Condire con il rimanente 1 cucchiaio di olio d'oliva. Arrostire per 35-45 minuti o fino a quando le zucchine e l'aglio sono teneri.

4. Con un cucchiaio e una forchetta togliere e tritare la polpa di ogni metà di zucca; trasferire in una ciotola e coprire per tenerlo al caldo. Quando l'aglio è abbastanza freddo da poter essere maneggiato, spremi il bulbo inferiore per

liberare gli spicchi. Usa una forchetta per schiacciare gli spicchi d'aglio. Mescola l'aglio schiacciato nella zucca, distribuendolo uniformemente. Per servire, versare la salsa sul composto di zucca.

BISON CHILI CON CARNE

FORMAZIONE: 25 minuti di cottura: 1 ora e 10 minuti Per: 4 porzioni

CIOCCOLATO SENZA ZUCCHERO, CAFFÈ E CANNELLAAGGIUNGERE INTERESSE A QUESTO FAVORITO COERENTE. SE VUOI UN SAPORE ANCORA PIÙ AFFUMICATO, SOSTITUISCI LA PAPRIKA NORMALE CON 1 CUCCHIAIO DI PAPRIKA DOLCE AFFUMICATA.

- 3 cucchiai di olio extravergine di oliva
- 1 chilogrammo di bisonte macinato
- ½ tazza di cipolla tritata (1 media)
- 2 spicchi d'aglio, tritati
- 2 lattine da 14,5 once di pomodori non salati a cubetti, non scolati
- 1 lattina da 6 once di concentrato di pomodoro non salato
- 1 tazza di brodo di ossa di manzo (vedi reddito) o brodo di carne non salato
- ½ tazza di caffè forte
- 2 once di teglia al 99% di cacao, tritata
- 1 cucchiaio di paprika
- 1 cucchiaino di cumino macinato
- 1 cucchiaino di origano essiccato
- 1½ cucchiaino di spezie affumicate (vedi reddito)
- ½ cucchiaino di cannella in polvere
- ⅓ tazza di crocchette
- 1 cucchiaino di olio d'oliva
- ½ tazza di crema di anacardi (vedi reddito)
- 1 cucchiaino di succo di limone fresco
- ½ tazza di foglie di coriandolo fresco
- 4 fette di lime

1. In un forno olandese, scalda i 3 cucchiai di olio d'oliva a fuoco medio. Aggiungi bisonte macinato, cipolla e aglio; cuocere per circa 5 minuti o fino a quando la carne è

dorata, mescolando con un cucchiaio di legno per spezzare la carne. Mescolare i pomodori non tagliati, il concentrato di pomodoro, il brodo di ossa di manzo, il caffè, il cioccolato da forno, la paprika, il cumino, l'origano, 1 cucchiaino di pimento e la cannella. Portare ad ebollizione; ridurre il calore. Cuocere, coperto, per 1 ora, mescolando di tanto in tanto.

2. Nel frattempo, in una piccola padella, friggi le pepite in 1 cucchiaino di olio d'oliva a fuoco medio fino a quando non iniziano a dorarsi e dorarsi. Metti le crocchette in una piccola ciotola; aggiungere ½ cucchiaino di condimento affumicato rimanente; gioca a vestirti.

3. In una piccola ciotola, unisci la crema di anacardi e il succo di lime.

4. Per servire, versa il peperoncino nelle ciotole. Top porzioni con crema di anacardi, crocchette e coriandolo. Servire con spicchi di lime.

BISTECCHE DI BISONTE SPEZIATE MAROCCHINE CON LIMONI GRIGLIATI

FORMAZIONE:10 minuti grill: 10 minuti per: 4 porzioni

SERVI QUESTE BISTECCHE QUICK FIXCON INSALATA DI CAROTE FRESCHE E CROCCANTI CONDITE (VEDI<u>REDDITO</u>). SE VUOI UNA DELIZIA, ANANAS GRIGLIATO CON CREMA DI COCCO (VEDI<u>REDDITO</u>) SAREBBE UN OTTIMO MODO PER CONCLUDERE IL PASTO.

- 2 cucchiai di cannella in polvere
- 2 cucchiai di paprika
- 1 cucchiaio di aglio in polvere
- ¼ di cucchiaino di pepe di cayenna
- 4 bistecche di filetto mignon di bisonte da 6 once, affettate da ¾ a 1 pollice di spessore
- 2 limoni, tagliati a metà orizzontalmente

1. In una piccola ciotola, unire la cannella, la paprika, l'aglio in polvere e il pepe di cayenna. Asciugare le bistecche con salviette di carta. Strofina entrambi i lati della bistecca con la miscela di spezie.

2. Per una griglia a carbone oa gas, posizionare le bistecche direttamente sulla griglia a fuoco medio. Coprire e grigliare per 10-12 minuti per mediamente cotta (145°F) o da 12 a 15 minuti per media (155°F), girando una volta a metà cottura. Nel frattempo, adagiare le metà del limone, con la parte tagliata rivolta verso il basso, su una gratella. Friggere per 2 o 3 minuti o fino a quando leggermente carbonizzato e succoso.

3. Servire con mezzo limone grigliato da spremere sulle bistecche.

BISTECCA DI BISONTE ALLE ERBE DI PROVENZA

FORMAZIONE:15 minuti cottura: 15 minuti tostatura: 1 ora e 15 minuti riposo: 15 minuti preparazione: 4 porzioni

HERBES DE PROVENCE È UNA MISCELADI ERBE ESSICCATE CHE CRESCONO IN ABBONDANZA NEL SUD DELLA FRANCIA. LA MISCELA DI SOLITO CONTIENE UNA COMBINAZIONE DI BASILICO, SEMI DI FINOCCHIO, LAVANDA, MAGGIORANA, ROSMARINO, SALVIA, TIMO ESTIVO E TIMO. GODETEVI MOLTO BENE QUESTA BISTECCA MOLTO AMERICANA.

- 1 lombo di bisonte arrosto di 3 kg
- 3 cucchiai di erbe di Provenza
- 4 cucchiai di olio extravergine di oliva
- 3 spicchi d'aglio, tritati
- 4 mandioquinhas piccole, sbucciate e tritate
- 2 pere mature, snocciolate e tritate
- ½ tazza di nettare di pera non zuccherato
- 1 o 2 cucchiaini di timo fresco

1. Preriscaldare il forno a 375°F. Elimina il grasso dalla bistecca. In una piccola ciotola unire Herbes de Provence, 2 cucchiai di olio d'oliva e aglio; strofinare su tutta la bistecca.

2. Metti la bistecca su una griglia in una padella poco profonda. Inserire un termometro da forno al centro della teglia.* Cuocere, scoperto, per 15 minuti. Ridurre la temperatura del forno a 300 ° F. Cuocere per altri 60-65 minuti o fino a quando un termometro per carne registra 140 ° F (medio

raro). Coprite con un foglio di alluminio e lasciate riposare per 15 minuti.

3. Nel frattempo, in una padella capiente, scalda i restanti 2 cucchiai di olio d'oliva a fuoco medio. Aggiungi rape e pere; cuocere 10 minuti o fino a quando le pastinache sono tenere e croccanti, mescolando di tanto in tanto. Aggiungi il nettare di pera; cuocere per circa 5 minuti o fino a quando la salsa si addensa leggermente. Cospargere con timo.

4. Tagliare la bistecca sottilmente lungo la grana. Servire la carne con panna acida e pere.

*Suggerimento: il bisonte è molto magro e cuoce più velocemente del manzo. Inoltre, il colore della carne è più rosso del manzo, quindi non puoi fare affidamento su un segnale visivo per determinare la cottura. Avrai bisogno di un termometro per carne per sapere quando la carne è pronta. Un termometro da forno è l'ideale, anche se non è necessario.

COSTOLETTE DI BISONTE ARROSTITE AL CAFFÈ CON GREMOLATA DI MANDARINO E PUREA DI RADICE DI SEDANO

FORMAZIONE: Tempo di cottura 15 minuti: 2 ore e 45 minuti Dosi: 6

LE COSTOLETTE DI BISONTE SONO GRANDI E CARNOSE. RICHIEDONO UNA BUONA LUNGA COTTURA IN LIQUIDO PER DIVENTARE TENERI. LA GREMOLATA A BASE DI BUCCIA DI MANDARINO RAVVIVA IL SAPORE DI QUESTO SOSTANZIOSO PIATTO.

MARINO
- 2 tazze d'acqua
- 3 tazze di caffè forte con ghiaccio
- 2 tazze di succo di mandarino fresco
- 2 cucchiai di rosmarino fresco tritato
- 1 cucchiaino di pepe nero macinato grossolanamente
- Costolette di bisonte da 4 libbre, tagliate tra le costole per separarle

SOBBOLLIRE
- 2 cucchiai di olio d'oliva
- 1 cucchiaino di pepe nero
- 2 tazze di cipolla tritata
- ½ tazza di erba cipollina tritata
- 6 spicchi d'aglio, tritati
- 1 peperoncino jalapeno, privato dei semi e tritato (vedi mancia)
- 1 tazza di caffè forte
- 1 tazza di brodo di ossa di manzo (vedi reddito) o brodo di carne non salato
- ¼ di tazza di Paleo Ketchup (vedi reddito)
- 2 cucchiai di senape alla Digione (vedi reddito)

3 cucchiai di aceto di sidro
Purea di radice di sedano (vedi reddito, inferiore)
Gremolata di mandarino (cfr reddito, Giusto)

1. Per la marinata, in un grande contenitore non reattivo (vetro o acciaio inossidabile), unire l'acqua, il caffè freddo, il succo di mandarino, il rosmarino e il pepe nero. Aggiungi le costole. Posizionare un piatto sopra le costole, se necessario, per tenerle sommerse. Coprire e conservare in frigorifero per 4-6 ore, riorganizzando e mescolando una volta.

2. Per arrostire, preriscaldare il forno a 325°F. Scolare le costine, scartando la marinata. Asciugare le costine con un tovagliolo di carta. In un grande forno olandese, scalda l'olio d'oliva a fuoco medio-alto. Condire le costine con pepe nero. Rosolare le costole in lotti fino a doratura su tutti i lati, circa 5 minuti per lotto. Trasferire in un piatto grande.

3. Aggiungere la cipolla, la cipolla verde, l'aglio e il jalapeño nella padella. Ridurre il fuoco a medio, coprire e cuocere fino a quando le verdure sono tenere, mescolando di tanto in tanto, circa 10 minuti. Aggiungere il caffè e il brodo; mescolare, raschiando eventuali pezzetti dorati. Aggiungere il paleo ketchup, la senape di Digione e l'aceto. Portare ad ebollizione. Aggiungi le costole. Coprire e trasferire in forno. Cuocere fino a quando la carne è tenera, circa 2 ore e 15 minuti, mescolando delicatamente e riorganizzando le costole una o due volte.

4. Trasferisci le costine su un piatto; tenda con un foglio di alluminio per stare al caldo. Eliminare il grasso dalla superficie della salsa. Bollire la salsa fino a ridurla a 2

tazze, circa 5 minuti. Dividi la purea di radice di sedano tra 6 piatti; top con costolette e salsa. Cospargere con la Gremolata di Mandarino.

Purea di radice di sedano: in una pentola capiente, unisci 3 libbre di radice di sedano, sbucciata e tagliata in pezzi da 1 pollice e 4 tazze di brodo di ossa di pollo (vedi<u>reddito</u>) o brodo di pollo non salato. Portare ad ebollizione; ridurre il calore. Scolare la radice di sedano, riservando il brodo. Porta la radice di sedano nella pentola. Aggiungere 1 cucchiaio di olio d'oliva e 2 cucchiai di timo fresco tritato. Usando uno schiacciapatate, schiacciare la radice di sedano, aggiungendo il brodo riservato pochi cucchiai alla volta secondo necessità per ottenere la consistenza desiderata.

Gremolata di mandarino: in una piccola ciotola, unisci ½ tazza di prezzemolo fresco tritato, 2 cucchiai di buccia di mandarino finemente grattugiata e 2 spicchi d'aglio tritati.

BRODO DI OSSA DI MANZO

FORMAZIONE: 25 minuti Arrosto: 1 ora Cottura al forno: 8 ore Fa: da 8 a 10 tazze

LE CODE D'OSSO FANNO UN BRODO DAL SAPORE ESTREMAMENTE RICCOCHE PUÒ ESSERE UTILIZZATO IN QUALSIASI RICETTA CHE RICHIEDA SCORTE O SEMPLICEMENTE GUSTATO COME AGGIUNTA A UNA TAZZA IN QUALSIASI MOMENTO DELLA GIORNATA. SEBBENE ORIGINARIAMENTE PROVENISSERO DA UN BUE, ORA LE CODE DI BUE PROVENGONO DA UN ANIMALE DA CARNE.

- 5 carote tritate grossolanamente
- 5 gambi di sedano, tritati grossolanamente
- 2 cipolle gialle, non sbucciate, tagliate a metà
- 8 once di funghi bianchi
- 1 spicchio d'aglio, sbucciato, tagliato a metà
- 2 chili di ossa di coda di bue o ossa di bue
- 2 pomodori
- 12 tazze di acqua fredda
- 3 foglie di alloro

1. Preriscaldare il forno a 400°F. In una teglia capiente o in una teglia piccola disporre le carote, il sedano, la cipolla, i funghi e l'aglio; posizionare le ossa sopra le verdure. In un robot da cucina, frullare i pomodori fino a che liscio. Distribuire i pomodori sulle ossa per coprirli (va bene se un po' di purea gocciola sulla padella e sulle verdure). Arrostire per 1-1 1/2 ore o fino a quando le ossa sono marrone scuro e le verdure sono caramellate. Trasferisci le ossa e le verdure in un forno o pentola olandese da 10 a 12 litri. (Se parte del composto di pomodoro si caramella sul fondo della padella, aggiungi 1 tazza di acqua calda

nella padella e raschia i pezzetti. Versa il liquido sulle ossa e sulle verdure e riduci la quantità di acqua di 1 tazza.) acqua fredda e foglie di alloro.

2. Portare lentamente la miscela a ebollizione a fuoco medio-alto o alto. Ridurre il calore; coprire e cuocere il brodo per 8-10 ore, mescolando di tanto in tanto.

3. Filtrare il brodo; scartare ossa e verdure. brodo freddo; trasferire il brodo nei contenitori di conservazione e conservare in frigorifero per un massimo di 5 giorni; congelamento fino a 3 mesi.*

Istruzioni per la pentola a cottura lenta: per una pentola a cottura lenta da 6-8 litri, utilizzare 1 chilo di ossa di manzo, 3 carote, 3 gambi di sedano, 1 cipolla gialla e 1 bulbo d'aglio. Schiaccia 1 pomodoro e strofinalo sulle ossa. Arrostire come indicato, quindi trasferire le ossa e le verdure nella pentola a cottura lenta. Grattugiare i pomodori caramellati come indicato e aggiungerli alla pentola a cottura lenta. Aggiungi abbastanza acqua da coprire. Coprire e cuocere a fuoco vivo fino a quando il brodo non si sarà ridotto, circa 4 ore. Ridurre il calore al minimo; cuocere per 12 a 24 ore. Filtrare il brodo; scartare ossa e verdure. Conservare come indicato.

*Suggerimento: per sgrassare leggermente il brodo, conservare il brodo in un contenitore coperto in frigorifero durante la notte. Il grasso salirà in superficie e formerà uno strato solido che può essere facilmente rimosso. Il brodo può addensarsi dopo il raffreddamento.

SPALLA DI MAIALE AROMATIZZATA ALLE SPEZIE TUNISINE CON PATATINE FRITTE PICCANTI

FORMAZIONE: 25 minuti bistecca: 4 ore forno: 30 minuti Per: 4 porzioni

QUESTO È UN OTTIMO PIATTO DA FARE.IN UNA FREDDA GIORNATA D'AUTUNNO. LA CARNE ARROSTISCE PER ORE NEL FORNO, LASCIANDO LA TUA CASA PROFUMATA E DANDOTI IL TEMPO DI FARE ALTRE COSE. LE PATATINE AL FORNO NON DIVENTANO CROCCANTI COME LE PATATE BIANCHE, MA SONO DELIZIOSE DA SOLE, SOPRATTUTTO SE IMMERSE NELLA MAIONESE ALL'AGLIO.

MAIALE
- Spalla di maiale brasata con osso da 1 2½ a 3 libbre
- 2 cucchiaini di peperoni ancho
- 2 cucchiaini di cumino macinato
- 1 cucchiaino di semi di cumino, leggermente schiacciati
- 1 cucchiaino di coriandolo macinato
- ½ cucchiaino di curcuma macinata
- ¼ di cucchiaino di cannella in polvere
- 3 cucchiai di olio d'oliva

PATATINE FRITTE
- 4 patate dolci medie (circa 2 libbre), sbucciate e tagliate a fette spesse mezzo pollice
- ½ cucchiaino di pepe rosso macinato
- ½ cucchiaino di cipolla in polvere
- ½ cucchiaino di aglio in polvere
- Olio
- 1 cipolla, affettata sottilmente
- Paleo Aïoli (Maionese all'aglio) (vedi reddito)

1. Preriscaldare il forno a 300°F. Tagliare il grasso dalla carne. In una piccola ciotola, unire il pepe ancho, il cumino macinato, i semi di cumino, il coriandolo, la curcuma e la cannella. Cospargere la carne con la miscela di spezie; usando le dita, strofina uniformemente la carne.

2. In un forno olandese da 5-6 litri, scalda 1 cucchiaio di olio d'oliva a fuoco medio-alto. Rosolare la carne di maiale su tutti i lati in olio bollente. Coprire e cuocere per circa 4 ore o fino a quando sono molto teneri e un termometro per carne registra 190 ° F. Rimuovere il forno olandese dal forno. Lascia riposare, coperto, mentre prepari le patatine fritte e le cipolle, riservando 1 cucchiaio di grasso nel forno olandese.

3. Aumentare la temperatura del forno a 400°F. Per le patatine fritte, in una ciotola capiente unire le patate dolci, i restanti 2 cucchiai di olio d'oliva, il peperoncino macinato, la cipolla in polvere e l'aglio in polvere; gioca a vestirti. Foderare una teglia grande o due piccole con un foglio di alluminio; spennellare con altro olio d'oliva. Disporre le patate dolci in un unico strato sulle teglie preparate. Cuocere per circa 30 minuti o finché sono teneri, girando le patate dolci una volta a metà cottura.

4. Nel frattempo, rimuovi la carne dal forno olandese; coprire con un foglio per tenerlo al caldo. Scolare i gocciolamenti, riservando 1 cucchiaio di grasso. Mettere il grasso riservato nel forno olandese. Aggiungi la cipolla; cuocere a fuoco medio per circa 5 minuti o finché sono teneri, mescolando di tanto in tanto.

5. Trasferisci il maiale e le cipolle su un piatto da portata. Usando due forchette, tirare il maiale a pezzi grossi. Servi il Pulled Pork e le patatine fritte con Paleo Aïoli.

SPALLA DI MAIALE ALLA GRIGLIA CUBANA

FORMAZIONE:15 minuti Marinatura: 24 ore Grill: 2 ore e 30 minuti Standby: 10 minuti
Fa: da 6 a 8 porzioni

CONOSCIUTO COME "LECHON ASADO" NEL SUO PAESE D'ORIGINE,QUESTO ARROSTO DI MAIALE VIENE MARINATO IN UNA COMBINAZIONE DI SUCCHI DI AGRUMI FRESCHI, SPEZIE, PEPE ROSSO MACINATO E UN INTERO BULBO DI AGLIO TRITATO. CUCINARE SUI CARBONI ARDENTI DOPO UNA NOTTE DI MARINATURA GLI CONFERISCE UN SAPORE INCREDIBILE.

- 1 bulbo d'aglio, spicchi separati, sbucciati e tritati
- 1 tazza di cipolla tritata grossolanamente
- 1 tazza di olio d'oliva
- 1⅓ tazze di succo di limone fresco
- ⅔ tazza di succo d'arancia fresco
- 1 cucchiaio di cumino macinato
- 1 cucchiaio di origano essiccato, tritato
- 2 cucchiaini di pepe nero appena macinato
- 1 cucchiaino di pepe rosso macinato
- 1 bistecca di spalla di maiale disossata da 4 a 5 libbre

1. Per la marinata, separa lo spicchio d'aglio in spicchi. Mondare e tagliare gli spicchi; Mettere in una ciotola capiente. Aggiungere la cipolla, l'olio d'oliva, il succo di limone, il succo d'arancia, il cumino, l'origano, il pepe nero e il peperoncino macinato. Mescolare bene e lasciare riposare.

2. Usando un coltello per disossare, forare profondamente la carne di maiale. Immergi con cura la bistecca nella marinata, immergendola il più possibile nel liquido. Copri

bene la ciotola con la pellicola trasparente. Far marinare in frigorifero per 24 ore, girando una volta.

3. Rimuovere il maiale dalla marinata. Versare la marinata in una casseruola media. Portare ad ebollizione; far bollire per 5 minuti. Toglietela dal fuoco e lasciatela raffreddare. Mettilo via.

4. Per una griglia a carbone, disponi i carboni a fuoco medio attorno a una leccarda. Prova a fuoco medio sopra la padella. Mettere la carne sulla griglia sopra la leccarda. Coprire e grigliare per 2 ore e mezza o 3 o fino a quando un termometro a lettura istantanea inserito al centro dell'arrosto registra 140 ° F. (Per una griglia a gas, preriscaldare la griglia. Ridurre il calore a medio. Regolare per la cottura indiretta (Mettere la carne su griglia sul fornello spento. Coprire e grigliare come indicato.) Rimuovere la carne dalla griglia. Coprire leggermente con un foglio di alluminio e lasciare riposare 10 minuti prima di affettare o tirare.

ARROSTO DI MAIALE ITALIANO CON SPEZIE E VERDURE

FORMAZIONE: 20 minuti Arrosto: 2 ore e 25 minuti Standby: 10 minuti Fa: 8 porzioni

"FRESCO È MEGLIO" È UN BUON MANTRADA SEGUIRE QUANDO SI TRATTA DI CUCINARE LA MAGGIOR PARTE DEL TEMPO. TUTTAVIA, LE ERBE ESSICCATE FUNZIONANO ALLA GRANDE NEI PIATTI DI CARNE. QUANDO LE ERBE VENGONO ESSICCATE, I LORO SAPORI SI CONCENTRANO. QUANDO ENTRANO IN CONTATTO CON L'UMIDITÀ DELLA CARNE, RILASCIANO IN ESSA I LORO SAPORI, COME IN QUESTA BISTECCA ALL'ITALIANA INSAPORITA CON PREZZEMOLO, FINOCCHIO, ORIGANO, AGLIO E PEPERONCINI ROSSI.

- 2 cucchiai di prezzemolo essiccato, tritato
- 2 cucchiai di semi di finocchio, schiacciati
- 4 cucchiaini di origano essiccato, tritati
- 1 cucchiaino di pepe nero appena macinato
- ½ cucchiaino di pepe rosso macinato
- 4 spicchi d'aglio, tritati
- 1 spalla di maiale con osso da 4 kg
- 1 o 2 cucchiai di olio d'oliva
- 1¼ tazze d'acqua
- 2 cipolle medie, sbucciate e tagliate a fettine
- 1 bulbo di finocchio grande, mondato, privato dei semi e affettato
- 2 chilogrammi di cavoletti di Bruxelles

1. Preriscaldare il forno a 325°F. In una piccola ciotola, unire il prezzemolo, i semi di finocchio, l'origano, il pepe nero, il peperoncino tritato e l'aglio; accantonare. Scartare l'arrosto di maiale, se necessario. Tagliare il grasso dalla carne. Strofinare la carne su tutti i lati con la miscela di

spezie. Se lo si desidera, riattaccare la teglia per tenerla insieme.

2. In un forno olandese, scalda l'olio a fuoco medio-alto. Rosolare la carne su tutti i lati nell'olio caldo. Scolare il grasso. Versare l'acqua nel forno olandese attorno alla bistecca. Cuocere, scoperto, per 1 1/2 ore. Disporre la cipolla e il finocchio intorno all'arrosto di maiale. Coprire e cuocere per altri 30 minuti.

3. Nel frattempo, taglia i gambi dai cavoletti di Bruxelles e rimuovi eventuali foglie esterne appassite. Tagliare a metà i cavolini di Bruxelles. Aggiungi i cavoletti di Bruxelles al forno olandese, disponendoli sopra altre verdure. Coprire e arrostire per altri 30-35 minuti o fino a quando le verdure e la carne sono tenere. Trasferire la carne in un piatto e coprire con un foglio di alluminio. Lasciare riposare 15 minuti prima di affettare. Mescolare le verdure con i succhi di pan per ricoprire. Con un cucchiaio forato, rimuovi le verdure in un piatto o in una ciotola; coprire per stare al caldo.

4. Usando un cucchiaio grande, rimuovi i succhi dalla padella. Versare i restanti succhi di padella attraverso un colino. Tagliare il maiale, eliminando l'osso. Servire la carne con verdure e succhi di padella.

TALPA DI MAIALE A COTTURA LENTA

FORMAZIONE:20 minuti Cottura lenta: da 8 a 10 ore (bassa) o da 4 a 5 ore (alta) Resa: 8 porzioni

CON CUMINO, CORIANDOLO, ORIGANO, POMODORI, MANDORLE, UVETTA, PEPE E CIOCCOLATO,QUESTA SALSA RICCA E PICCANTE HA MOLTO DA OFFRIRE, IN UN MODO MOLTO BUONO. È UN PASTO IDEALE PER INIZIARE LA MATTINA PRIMA DI USCIRE PER IL GIORNO SUCCESSIVO. QUANDO TORNI A CASA, LA CENA È QUASI PRONTA E LA TUA CASA HA UN PROFUMO INCREDIBILE.

- 1 spalla di maiale disossata da 3 kg
- 1 tazza di cipolla tritata grossolanamente
- 3 spicchi d'aglio, tagliati a fettine
- 1 ½ tazza di brodo di ossa di manzo (vedireddito), zuppa di ossa di pollo (vedireddito), o brodo di manzo o di pollo non salato
- 1 cucchiaio di cumino macinato
- 1 cucchiaio di coriandolo macinato
- 2 cucchiaini di origano essiccato, tritato
- 1 lattina da 15 once di pomodori non salati a cubetti, scolati
- 1 lattina da 6 once di concentrato di pomodoro non salato
- ½ tazza di mandorle affettate, tostate (vedimancia)
- ¼ di tazza di uvetta dorata o ribes senza zolfo
- 2 once di cioccolato non zuccherato (come Scharffen Berger 99% Cocoa Bar), tritato grossolanamente
- 1 chipotle essiccato intero o peperoncino ancho
- 2 bastoncini di cannella da 4 pollici
- ¼ tazza di coriandolo fresco tritato
- 1 avocado, sbucciato, privato dei semi e affettato sottilmente
- 1 lime, affettato
- ⅓ tazza di semi di zucca verdi non salati tostati (opzionale) (vedimancia)

1. Tagliare a fette l'arrosto di maiale. Se necessario, tagliare la carne per adattarla a una pentola a cottura lenta da 5 a 6 litri; accantonare.

2. Nella pentola a cottura lenta, unire la cipolla e l'aglio. In un misurino di vetro da 2 tazze, unisci brodo di ossa di manzo, cumino, coriandolo e origano; versare nella padella. Aggiungere la polpa di pomodoro, il concentrato di pomodoro, le mandorle, l'uvetta, il cioccolato, il pepe essiccato e le stecche di cannella. Metti la carne nella padella. Distribuire sopra un po' di composto di pomodoro. Coprire e cuocere a fuoco basso per 8-10 ore o a fuoco alto per 4-5 ore o fino a quando il maiale è tenero.

3. Trasferisci il maiale su un tagliere; rinfrescati un po'. Usando due forchette, separare la carne in pezzi. Coprire la carne con un foglio di alluminio e mettere da parte.

4. Rimuovere ed eliminare il pepe essiccato e i bastoncini di cannella. Usando un cucchiaio grande, rimuovi il grasso dal composto di pomodoro. Trasferisci il composto di pomodoro in un frullatore o in un robot da cucina. Coprire e frullare o elaborare fino a quasi liscio. Rimetti il maiale stirato e la salsa nella pentola a cottura lenta. Tenere caldo a fuoco basso fino al momento di servire, fino a 2 ore.

5. Poco prima di servire, aggiungi il coriandolo. Servire la talpa in ciotole e guarnire con fettine di avocado, spicchi di lime e, a piacere, semi di zucca.

STUFATO DI MAIALE E ZUCCA AL CUMINO

FORMAZIONE:30 minuti Tempo di cottura: 1 ora Dosi: 4 porzioni

SENAPE CON PEPE E ZUCCHINEAGGIUNGI COLORI VIVACI E MOLTE VITAMINE, OLTRE A FIBRE E ACIDO FOLICO, A QUESTO STUFATO CONDITO CON SAPORI DELL'EUROPA ORIENTALE.

1 1 ¼ - a 1 ½ libbre Spalla di maiale arrosto

1 cucchiaio di paprika

1 cucchiaio di semi di cumino, tritati finemente

2 cucchiaini di senape secca

¼ di cucchiaino di pepe di cayenna

2 cucchiai di olio di cocco raffinato

8 once di funghi freschi, affettati sottilmente

2 gambi di sedano, tagliati trasversalmente in fette da 1 pollice

1 cipolla rossa piccola, tagliata a rondelle sottili

6 spicchi d'aglio, tritati

5 tazze di brodo di ossa di pollo (vedireddito) o brodo di pollo non salato

2 tazze di zucchine pulite e tagliate a dadini

3 tazze di senape tritata o foglie di cavolo verde

2 cucchiai di salvia fresca tritata

¼ tazza di succo di limone fresco

1. Tagliare il grasso di maiale. Tagliare la carne di maiale a cubetti da 1 ½ pollice; Mettere in una ciotola capiente. In una piccola ciotola, unisci la paprika, i semi di cumino, la senape secca e il pepe di cayenna. Cospargere il maiale, mescolando per ricoprire uniformemente.

2. In un forno olandese da 4-5 litri, scalda l'olio di cocco a fuoco medio. Aggiungi metà della carne; cuocere fino a doratura, mescolando di tanto in tanto. Togliere la carne

dalla padella. Ripeti con il resto della carne. Mettere da parte la carne.

3. Aggiungi i funghi, il sedano, la cipolla rossa e l'aglio al forno olandese. Cuocere per 5 minuti, mescolando di tanto in tanto. Riporta la carne nel forno olandese. Aggiungere con cura il brodo di ossa di pollo. Portare ad ebollizione; ridurre il calore. Coprire e cuocere per 45 minuti. Unire la zucca. Coprire e cuocere per altri 10-15 minuti o fino a quando il maiale e la zucca sono teneri. Aggiungere le foglie di senape e la salvia. Cuocere per 2-3 minuti o fino a quando le verdure sono tenere. Mescolare il succo di limone.

BISTECCA DI CONTROFILETTO RIPIENA DI FRUTTA CON SALSA AL BRANDY

FORMAZIONE:30 minuti Cottura: 10 minuti Arrostimento: 1 ora e 15 minuti Riposo: 15 minuti Fa: da 8 a 10 porzioni

QUESTA ELEGANTE BISTECCA È PERFETTA PERUN'OCCASIONE SPECIALE O UNA RIUNIONE DI FAMIGLIA, SOPRATTUTTO IN AUTUNNO. I SUOI AROMI – MELA, NOCE MOSCATA, FRUTTA SECCA E NOCI – CATTURANO L'ESSENZA DI QUELLA STAGIONE. SERVIRE CON PURÈ DI PATATE DOLCI E MIRTILLI E INSALATA DI CAVOLO CON BARBABIETOLE ARROSTITE (VEDIREDDITO).

FRIGGERE

- 1 cucchiaio di olio d'oliva
- 2 tazze di mele Granny Smith tritate e sbucciate (circa 2 medie)
- 1 scalogno, tritato finemente
- 1 cucchiaio di timo fresco tritato
- ¾ cucchiaino di pepe nero appena macinato
- ⅛ cucchiaino di noce moscata macinata
- ½ tazza di albicocche secche non solforate a fette
- ¼ di tazza di noci tritate e tostate (vedimancia)
- 1 tazza di brodo di ossa di pollo (vedireddito) o brodo di pollo non salato
- 1 lombo di maiale disossato da 3 kg (singolo lombo)

SALSA AL BRANDY

- 2 cucchiai di sidro di mele
- 2 cucchiai di cognac
- 1 cucchiaino di senape alla Dijon (vreddito)
- Pepe nero appena macinato

1. Per il ripieno, scalda l'olio d'oliva in una padella capiente a fuoco medio. Aggiungi mele, scalogno, timo, ¼ di cucchiaino di pepe e noce moscata; cuocere da 2 a 4 minuti o fino a quando le mele e lo scalogno sono morbidi e dorati, mescolando di tanto in tanto. Aggiungere le albicocche, le noci e 1 cucchiaio di brodo. Cuocere, scoperto, per 1 minuto per ammorbidire le albicocche. Togliere dal fuoco e mettere da parte.

2. Preriscaldare il forno a 325°F. Imburrare l'arrosto di maiale facendo una fessura longitudinalmente al centro dell'arrosto, tagliando ½ pollice di diametro. Apri la bistecca. Posizionare il coltello nel taglio a V con la faccia orizzontale su un lato della V e tagliare entro ½ pollice dal lato. Ripeti sull'altro lato della V. Apri la teglia e copri con la pellicola trasparente. Lavorando dal centro verso i bordi, battere la bistecca con un batticarne fino a ottenere uno spessore di circa ¾ di pollice. Rimuovere ed eliminare l'involucro di plastica. Distribuire il ripieno sulla teglia. Partendo dal lato corto, arrotola la bistecca a spirale. Legate con spago da cucina 100% cotone in più punti per fissare la bistecca. Cospargi la bistecca con il restante ½ cucchiaino di pepe.

3. Metti la bistecca su una griglia in una piccola padella. Inserire un termometro da forno al centro della teglia (non nel ripieno). Arrostire, scoperto, per 1 ora e 15 minuti a 1 ora e 30 minuti o fino a quando il termometro registra 145 ° F. Rimuovere la bistecca e coprire liberamente con un foglio; lasciate riposare per 15 minuti prima di tagliare le fette.

4. Nel frattempo, per la salsa al brandy, unire il brodo rimanente e il sidro di mele gocciolante in una casseruola, mescolando per raccogliere eventuali pezzetti dorati. Filtrare i gocciolamenti in una casseruola media. Portare ad ebollizione; cuocere per circa 4 minuti o fino a quando la salsa si riduce di un terzo. Mescolare il brandy e la senape alla Digione. Condire a piacere con altro pepe. Servire la salsa con la lonza di maiale.

ARROSTO DI MAIALE ALLA PORCHETTA

FORMAZIONE:15 minuti Marinata: Riposo durante la notte: 40 minuti Arrosto: 1 ora
Dosi: 6 porzioni

TRADIZIONALE PORCHETTA ITALIANA(A VOLTE FARRO PORKETTA IN INGLESE AMERICANO) È UN MAIALINO DISOSSATO RIPIENO DI AGLIO, FINOCCHIO, PEPE ED ERBE COME SALVIA O ROSMARINO, POI INFILZATO E ARROSTITO SU LEGNO. È ANCHE GENERALMENTE MOLTO SALATO. QUESTA VERSIONE PALEO È SEMPLIFICATA E MOLTO GUSTOSA. SE LO DESIDERI, SOSTITUISCI LA SALVIA CON IL ROSMARINO FRESCO O USA UNA MISCELA DELLE DUE ERBE.

- 1 filetto di maiale disossato da 2 a 3 libbre
- 2 cucchiai di semi di finocchio
- 1 cucchiaino di pepe nero
- ½ cucchiaino di pepe rosso macinato
- 6 spicchi d'aglio, tritati
- 1 cucchiaio di buccia d'arancia grattugiata finemente
- 1 cucchiaio di salvia fresca tritata
- 3 cucchiai di olio d'oliva
- ½ bicchiere di vino bianco secco
- ½ tazza di brodo di ossa di pollo (vedireddito) o brodo di pollo non salato

1. Togliere il roast beef dal frigorifero; lasciare a temperatura ambiente per 30 minuti. Nel frattempo, in una piccola padella, tostare i semi di finocchio a fuoco medio, mescolando continuamente, circa 3 minuti o fino a quando diventano scuri e fragranti; Freddo. Trasferire in un macinaspezie pulito o macinacaffè. Aggiungere i grani di

pepe e il peperoncino tritato. Macinare fino a ottenere una consistenza medio-fine. (Non macinare in polvere.)

2. Preriscaldare il forno a 325°F. In una piccola ciotola, unisci le spezie macinate, l'aglio, la buccia d'arancia, la salvia e l'olio d'oliva per fare una pasta. Metti il maiale su una griglia in una piccola padella. Strofina il composto su tutto il maiale. (Se lo si desidera, posizionare il maiale stagionato in una teglia di vetro da 9 × 13 × 2 pollici. Coprire con pellicola trasparente e conservare in frigorifero durante la notte per marinare. Trasferire la carne su una teglia prima della cottura e lasciare riposare a temperatura ambiente per 30 minuti prima della cottura.)

3. Arrostire il maiale per 1 ora e 1 ora e mezza o fino a quando un termometro a lettura istantanea inserito al centro dell'arrosto registra 145 ° F. Trasferisci la bistecca su un tagliere e copri leggermente con un foglio di alluminio. Lasciare riposare per 10-15 minuti prima di affettare.

4. Nel frattempo, versa i succhi di pan in un misurino di vetro. Eliminare il grasso dall'alto; accantonare. Metti la padella sul fornello. Versare nella pentola il vino e il brodo di ossa di pollo. Portare a ebollizione a fuoco medio-alto, mescolando per raschiare eventuali pezzetti dorati. Far bollire per circa 4 minuti o fino a quando il composto si sarà leggermente ridotto. Mescolare i succhi di pan riservati; Voltaggio. Sminuzzare il maiale e servire con la salsa.

ARROSTO DI MAIALE CON TOMATILLO

FORMAZIONE:40 minuti per grigliare: 10 minuti per cuocere: 20 minuti per cuocere al forno: 40 minuti per riposare: 10 minuti per preparare: da 6 a 8 porzioni

I TOMATILLOS HANNO UNA PELLE E UNA LINFA APPICCICOSESOTTO I LORO GUSCI DI CARTA. DOPO AVER TOLTO LA PELLE, SCIACQUATELI VELOCEMENTE SOTTO L'ACQUA CORRENTE E SONO PRONTI PER L'USO.

- 1 kg di pomodori pelati, sgranati e lavati
- 4 peperoni serrano, privati del gambo, dei semi e tagliati a metà (vedi mancia)
- 2 jalapeños, senza gambo, senza semi e tagliati a metà (vedi mancia)
- 1 peperone giallo grande, senza semi, senza semi e dimezzato
- 1 peperone arancione grande, senza semi, senza semi e tagliato a metà
- 2 cucchiai di olio d'oliva
- 1 lombo di maiale disossato da 2 a 2 ½ kg
- 1 cipolla gialla grande, pulita, tagliata a metà e affettata sottilmente
- 4 spicchi d'aglio, tritati
- ¾ tazza d'acqua
- ¼ tazza di succo di limone fresco
- ¼ tazza di coriandolo fresco tritato

1. Preriscalda il pollo a fuoco alto. Rivestire una teglia con un foglio di alluminio. Disporre i tomatillos, i peperoni serrano, i jalapeños e il peperone nella teglia preparata. Grigliare le verdure a 4 pollici sopra il fuoco fino a quando non sono ben carbonizzate, girando di tanto in tanto e rimuovendo le verdure carbonizzate, circa 10-15 minuti. Metti i serranos, i jalapeños e i tomatillos in una ciotola. Metti i peperoni su un piatto. Mettere da parte le verdure a raffreddare.

2. In una padella capiente, scalda l'olio a fuoco medio-alto finché non luccica. Asciugare l'arrosto di maiale con

salviette di carta pulite e aggiungere nella padella. Cuocere fino a doratura su tutti i lati, facendo dorare uniformemente la bistecca. Trasferisci la bistecca su un piatto. Ridurre il calore a medio. Aggiungi la cipolla nella padella; cuocere e mescolare per 5-6 minuti o fino a doratura. Aggiungere l'aglio; cuocere per 1 altro minuto. Togli la padella dal fuoco.

3. Preriscaldare il forno a 350°F. Per la salsa di tomatillo, in un robot da cucina o in un frullatore, unisci i tomatillos, i serranos e i jalapeños. Coprire e frullare o lavorare fino a che liscio; aggiungere la cipolla nella padella. Metti la padella sul fuoco. Portare ad ebollizione; cuocere da 4 a 5 minuti o fino a quando la miscela è scura e densa. Aggiungere l'acqua, il succo di limone e il coriandolo.

4. Distribuire la salsa di pomodoro in una teglia poco profonda o in una teglia rettangolare da 3 litri. Mettere il maiale nella salsa. Coprire bene con un foglio di alluminio. Arrostire per 40-45 minuti o fino a quando un termometro a lettura istantanea inserito al centro della bistecca indica 140 ° F.

5. Tagliare i peperoni a listarelle. Mescolare la salsa di pomodoro nella padella. Tenda leggera con foglio di alluminio; lasciate riposare per 10 minuti. fetta di carne; mescolare nella salsa. Servire le fette di maiale generosamente ricoperte di salsa di pomodoro.

FILETTO DI MAIALE RIPIENO DI ALBICOCCHE

FORMAZIONE:20 minuti Arrosto: 45 minuti Standby: 5 minuti Fa: da 2 a 3 porzioni

- 2 albicocche medie fresche, tritate grossolanamente
- 2 cucchiai di uvetta senza zolfo
- 2 cucchiai di noci tritate
- 2 cucchiaini di zenzero fresco grattugiato
- ¼ di cucchiaino di cardamomo macinato
- 1 filetto di maiale da 12 once
- 1 cucchiaio di olio d'oliva
- 1 cucchiaio di senape alla Digione (vedireddito)
- ¼ cucchiaino di pepe nero

1. Preriscaldare il forno a 375°F. Foderare una teglia con un foglio di alluminio; posizionare una teglia sulla teglia.

2. In una piccola ciotola, unire le albicocche, l'uvetta, le noci, lo zenzero e il cardamomo.

3. Fai un taglio longitudinale al centro del maiale, tagliando ½ pollice. Farfalla aprilo. Metti la carne di maiale tra due strati di pellicola trasparente. Usando il lato piatto di un batticarne, pesta delicatamente la carne fino a ottenere uno spessore di circa ⅓ pollice. Piega l'estremità della coda per formare un rettangolo uniforme. Sbattere delicatamente la carne fino a ottenere uno spessore uniforme.

4. Distribuire il composto di albicocche sulla carne di maiale. A partire dall'estremità stretta, arrotolare il maiale. Legare con spago da cucina 100% cotone, prima al centro, poi a intervalli di 1 pollice. Metti la bistecca sulla griglia.

5. Mescolare l'olio d'oliva e la senape di Digione; imbastire la bistecca. Cospargere la bistecca con il pepe. Cuocere per 45-55 minuti o fino a quando un termometro a lettura istantanea inserito al centro della bistecca registra 140 ° F. Lasciare riposare da 5 a 10 minuti prima di affettare.

FILETTO DI MAIALE IN CROSTA DI ERBE CON OLIO ALL'AGLIO CROCCANTE

FORMAZIONE:15 minuti Arrosto: 30 minuti Cottura al forno: 8 minuti Standby: 5 minuti Fa: 6 porzioni

- ⅓ tazza di senape alla Digione (vedi reddito)
- ¼ di tazza di prezzemolo fresco tritato
- 2 cucchiai di timo fresco tritato
- 1 cucchiaio di rosmarino tritato fresco
- ½ cucchiaino di pepe nero
- 2 filetti di maiale da 12 once
- ½ tazza di olio d'oliva
- ¼ tazza di aglio fresco tritato
- ¼ a 1 cucchiaino di pepe rosso macinato

1. Preriscaldare il forno a 450°F. Foderare una teglia con un foglio di alluminio; posizionare una teglia sulla teglia.

2. In una piccola ciotola, mescola la senape, il prezzemolo, il timo, il rosmarino e il pepe nero per fare una pasta. Distribuire la miscela di senape ed erbe sulla parte superiore e sui lati del maiale. Trasferisci il maiale nella padella. Metti la bistecca nel forno; ridurre la temperatura a 375°F. Cuocere per 30-35 minuti o fino a quando un termometro a lettura istantanea inserito al centro della bistecca registra 140 ° F. Lasciare riposare da 5 a 10 minuti prima di affettare.

3. Nel frattempo, per l'olio all'aglio, in una piccola casseruola, unire l'olio d'oliva e l'aglio. Cuocere a fuoco medio-basso per 8-10 minuti o fino a quando l'aglio diventa marrone dorato e inizia a diventare croccante (non lasciare che

l'aglio bruci). Togliere dal fuoco; mescolare con peperoncino tritato. fetta di maiale; mettere l'olio all'aglio sopra le fette prima di servire.

MAIALE SPEZIATO INDIANO CON SALSA AL COCCO

DALL'INIZIO ALLA FINE: 20 minuti fanno: 2 porzioni

3 cucchiaini di curry in polvere
2 cucchiaini di garam masala non salato
1 cucchiaino di cumino macinato
1 cucchiaino di coriandolo macinato
1 filetto di maiale da 12 once
1 cucchiaio di olio d'oliva
½ tazza di latte di cocco naturale (come il marchio Nature's Way)
¼ tazza di coriandolo fresco tritato
2 cucchiai di menta fresca tritata

1. In una piccola ciotola, unisci 2 cucchiaini di curry in polvere, garam masala, cumino e coriandolo. Tagliare la carne di maiale a fette spesse mezzo pollice; cospargere di spezie. .

2. In una padella capiente, scalda l'olio d'oliva a fuoco medio. Aggiungi le fette di maiale nella padella; cuocere 7 minuti, girando una volta. Rimuovere la carne di maiale dalla padella; coprire per stare al caldo. Alla salsa, aggiungi il latte di cocco e 1 cucchiaino di curry rimasto nella padella, mescolando per raschiare eventuali pezzi. Far bollire per 2-3 minuti. Aggiungi coriandolo e menta. Aggiungi carne di maiale; cuocere fino a caldo, versando la salsa sul maiale.

SCALOPPINE DI MAIALE CON MELE E CASTAGNE SPEZIATE

FORMAZIONE: 20 minuti tempo di cottura: 15 minuti per: 4 porzioni

2 filetti di maiale da 12 once
1 cucchiaio di cipolla in polvere
1 cucchiaio di aglio in polvere
½ cucchiaino di pepe nero
2-4 cucchiai di olio d'oliva
2 mele Fuji o Pink Lady, sbucciate, private del torsolo e tritate grossolanamente
¼ di tazza di erba cipollina tritata
¾ cucchiaino di cannella in polvere
⅛ cucchiaino di chiodi di garofano macinati
⅛ cucchiaino di noce moscata macinata
½ tazza di brodo di ossa di pollo (vedi reddito) o brodo di pollo non salato
2 cucchiai di succo di limone fresco
½ tazza di castagne arrostite sbucciate e tritate* o noci tritate
1 cucchiaio di salvia fresca tritata

1. Tagliare il filetto a fette spesse mezzo pollice in sbieco. Metti le fette di maiale tra due fogli di pellicola trasparente. Usando il lato piatto di un batticarne, pesta fino a quando non è ben cotto. Cospargere le fette con cipolla in polvere, aglio in polvere e pepe nero.

2. In una padella capiente, scalda 2 cucchiai di olio d'oliva a fuoco medio. Cuocere il maiale in lotti per 3-4 minuti, girando una volta e aggiungendo olio se necessario. Trasferisci il maiale in un piatto; coprire e tenere al caldo.

3. Aumentare il calore a medio-alto. Aggiungere le mele, lo scalogno, la cannella, i chiodi di garofano e la noce moscata. Cuocere e mescolare per 3 minuti. Mescolare il

brodo di ossa di pollo e il succo di limone. Coprire e cuocere per 5 minuti. Togliere dal fuoco; unire le castagne e la salvia. Servire il composto di mele sul maiale.

*Nota: per arrostire le castagne, preriscaldare il forno a 400°F. Taglia una X su un lato del guscio di castagna. Questo farà staccare la pelle durante la cottura. Mettere le castagne su una teglia e cuocere per 30 minuti o fino a quando il guscio si stacca dalla noce e le noci sono morbide. Avvolgi le castagne arrostite in un canovaccio pulito. Pulite il guscio e il guscio di noce giallo-bianco.

FAJITA DI MAIALE SALTATA

FORMAZIONE:20 minuti tempo di cottura: 22 minuti per: 4 porzioni

Filetto di maiale da 1 libbra, tagliato a strisce da 2 pollici
3 cucchiai di condimento per fajita non salato o condimento messicano (vedi reddito)
2 cucchiai di olio d'oliva
1 cipolla piccola, affettata sottilmente
½ peperone rosso, senza semi e affettato sottilmente
½ di un peperone arancione, senza semi e affettato sottilmente
1 jalapeño, senza gambo e affettato sottilmente (vedi mancia) (facoltativo)
½ cucchiaino di semi di cumino
1 tazza di funghi freschi affettati sottilmente
3 cucchiai di succo di limone fresco
½ tazza di coriandolo fresco tritato
1 avocado, senza semi, sbucciato e tritato
Il prezzemolo desiderato (vedi reddito)

1. Cospargi il maiale con 2 cucchiai di condimento per fajita. In una padella molto grande, scalda 1 cucchiaio di olio a fuoco medio-alto. Aggiungi metà del maiale; cuocere e mescolare per circa 5 minuti o fino a quando non sono più rosa. Trasferire la carne in una ciotola e coprire per tenerla al caldo. Ripeti con l'olio rimanente e il maiale.

2. Aumentare il calore a medio. Aggiungi il rimanente 1 cucchiaio di condimento per fajita, cipolla, peperone, jalapeño e cumino. Cuocere e mescolare per circa 10 minuti o fino a quando le verdure sono tenere. Metti tutta la carne e gli eventuali succhi accumulati nella padella. Aggiungere i funghi e il succo di limone. Cuocere fino a quando non viene riscaldato. Rimuovere la padella dal fuoco; aggiungere il coriandolo. Servire con avocado e salsa desiderata.

FILETTO DI MAIALE AL PORTO E PRUGNE

FORMAZIONE:10 minuti Arrosto: 12 minuti Standby: 5 minuti Per: 4 porzioni

IL PORTO È UN VINO LIQUOROSO,CIOÈ, HA UNO SPIRITO SIMILE AL BRANDY AGGIUNTO PER FERMARE IL PROCESSO DI FERMENTAZIONE. CIÒ SIGNIFICA CHE CONTIENE PIÙ ZUCCHERO RESIDUO RISPETTO AL VINO ROSSO DA TAVOLA E DI CONSEGUENZA HA UN SAPORE PIÙ DOLCE. NON È QUALCOSA CHE VUOI BERE TUTTI I GIORNI, MA UN PO' USATO IN CUCINA OGNI TANTO VA BENE.

- 2 filetti di maiale da 12 once
- 2½ cucchiaini di coriandolo macinato
- ¼ cucchiaino di pepe nero
- 2 cucchiai di olio d'oliva
- 1 scalogno, affettato
- ½ bicchiere di vino Porto
- ½ tazza di brodo di ossa di pollo (vedireddito) o brodo di pollo non salato
- 20 prugne (prugne secche)
- ½ cucchiaino di pepe rosso macinato
- 2 cucchiaini di dragoncello fresco tritato

1. Preriscaldare il forno a 400°F. Cospargi il maiale con 2 cucchiaini ciascuno di coriandolo e pepe nero.

2. In una padella antiaderente capiente, scalda l'olio d'oliva a fuoco medio-alto. Aggiungi il filetto nella padella. Cuocere fino a doratura su tutti i lati, diventando uniforme, circa 8 minuti. Metti la teglia nel forno. Arrostire, scoperto, per circa 12 minuti o fino a quando un termometro a lettura istantanea inserito al centro della bistecca registra 140 °

F. Trasferire il filetto su un tagliere. Coprire liberamente con un foglio di alluminio e lasciare riposare per 5 minuti.

3. Nel frattempo, per la salsa, scolare il grasso dalla padella, riservando 1 cucchiaio. Cuocere la cipolla nel gocciolamento riservato nella padella a fuoco medio per circa 3 minuti o finché non diventa dorata e tenera. Aggiungi il porto nella padella. Portare a ebollizione, mescolando per raschiare eventuali pezzetti dorati. Aggiungere il brodo di ossa di pollo, le prugne, il peperoncino tritato e il restante ½ cucchiaino di coriandolo. Cuocere a fuoco medio-alto per ridurre leggermente, circa 1 o 2 minuti. Mescolare il dragoncello.

4. Affettare il maiale e servire con prugne e salsa.

MAIALE MOO SHU IN COPPE DI LATTUGA CON VERDURE IN SALAMOIA

DALL'INIZIO ALLA FINE: 45 minuti fanno: 4 porzioni

SE HAI MAI MANGIATO UN PIATTO TRADIZIONALE DI MOO SHUIN UN RISTORANTE CINESE, SAI CHE È UN GUSTOSO RIPIENO DI CARNE E VERDURE CONSUMATO IN FRITTELLE SOTTILI CON PRUGNE DOLCI O SALSA HOISIN. QUESTA VERSIONE PALEO PIÙ LEGGERA E FRESCA PRESENTA CARNE DI MAIALE, CAVOLO CINESE E FUNGHI SHIITAKE ARROSTITI CON ZENZERO E AGLIO E SERVITI IN INVOLTINI DI LATTUGA CON CROCCANTI VERDURE IN SALAMOIA.

VERDURE IN SALAMOIA

- 1 tazza di carote alla julienne
- 1 tazza di ravanelli daikon tagliati a julienne
- ¼ tazza di cipolla rossa tritata
- 1 tazza di succo di mela non zuccherato
- ½ tazza di aceto di sidro

MAIALE

- 2 cucchiai di olio d'oliva o olio di cocco raffinato
- 3 uova leggermente sbattute
- 8 once di filetto di maiale, tagliato a strisce da 2 × ½ pollice
- 2 cucchiaini di zenzero fresco tritato
- 4 spicchi d'aglio, tritati
- 2 tazze di cavolo napa affettato sottilmente
- 1 tazza di funghi shiitake affettati sottilmente
- ¼ di tazza di erba cipollina affettata sottilmente
- 8 foglie di lattuga Boston

1. Per sottaceti veloci, unisci carote, daikon e cipolla in una ciotola capiente. Per la salamoia, scaldare il succo di mela e l'aceto in una casseruola finché il vapore non sale. Versare la salamoia sulle verdure nella ciotola; Coprire e conservare in frigorifero fino al momento di servire.

2. In una padella capiente, scalda 1 cucchiaio di olio d'oliva a fuoco medio-alto. Usando una frusta, sbattere leggermente le uova. Aggiungi le uova nella padella; cuocere, senza mescolare, fino a quando impostato, circa 3 minuti. Con una spatola flessibile, gira delicatamente l'uovo e cuoci l'altro lato. Rimuovere l'uovo dalla padella su un piatto.

3. Metti la padella sul fuoco; aggiungere il rimanente 1 cucchiaio di olio. Aggiungere le strisce di maiale, lo zenzero e l'aglio. Cuocere e mescolare a fuoco medio-alto per circa 4 minuti o fino a quando il maiale non è più rosa. Aggiungi cavolo e funghi; cuocere e mescolare per circa 4 minuti o fino a quando il cavolo non è appassito, i funghi si sono ammorbiditi e il maiale è cotto. Togli la padella dal fuoco. Tagliare l'uovo sodo a listarelle. Mescolare delicatamente l'uovo e le strisce di nebbia nella miscela di maiale. Servire su foglie di lattuga e guarnire con verdure in salamoia.

BRACIOLE DI MAIALE CON MACADAMIA, SALVIA, FICHI E PURÈ DI PATATE DOLCI

FORMAZIONE:15 minuti tempo di cottura: 25 minuti per: 4 porzioni

VIENE FORNITO CON PURÈ DI PATATE DOLCI,QUESTE SUCCOSE COSTOLETTE GLASSATE ALLA SALVIA SONO UN PASTO AUTUNNALE PERFETTO E UNA SOLUZIONE RAPIDA, CHE LO RENDE PERFETTO PER UN'INTENSA NOTTE DELLA SETTIMANA.

4 braciole di maiale disossate, affettate spesse 1¼ di pollice

3 cucchiai di salvia fresca tritata

¼ cucchiaino di pepe nero

3 cucchiai di olio di macadamia

2 kg di patate dolci, sbucciate e tagliate a pezzi da 1 pollice

¾ tazza di noci di macadamia tritate

½ tazza di fichi secchi tritati

⅓ tazza di brodo di ossa di manzo (vedireddito) o brodo di carne non salato

1 cucchiaio di succo di limone fresco

1. Cospargere le braciole di maiale su entrambi i lati con 2 cucchiai ciascuno di salvia e pepe; strofinare con le dita. In una padella capiente, scalda 2 cucchiai di olio a fuoco medio. Aggiungi le costolette nella padella; cuocere da 15 a 20 minuti o fino a cottura ultimata (145 ° F), girando una volta a metà cottura. Trasferisci le costolette in un piatto; coprire per stare al caldo.

2. Nel frattempo, in una pentola capiente, unire le patate dolci e abbastanza acqua da coprire. Portare ad ebollizione; ridurre il calore. Coprire e cuocere per 10-15 minuti o fino a quando le patate sono tenere. Scolare le patate. Aggiungi

il restante cucchiaio di olio di macadamia alle patate e schiaccia fino a ottenere una crema; tenere caldo

3. Per la salsa, metti le noci di macadamia nella padella; cuocere a fuoco medio fino a tostatura. Aggiungi i fichi secchi e il rimanente 1 cucchiaio di salvia; cuocere per 30 secondi. Aggiungi il brodo di ossa di manzo e il succo di limone nella padella, mescolando per raschiare eventuali pezzetti dorati. Versare la salsa sulle braciole di maiale e servire con purè di patate dolci.

BRACIOLE DI MAIALE ARROSTO AL ROSMARINO E LAVANDA CON UVA TOSTATA E NOCI

FORMAZIONE:10 minuti cottura: 6 minuti cottura: 25 minuti Dosi: 4 porzioni

ARROSTIRE L'UVA CON LE BRACIOLE DI MAIALEINTENSIFICA IL SAPORE E LA DOLCEZZA. INSIEME A CROCCANTI NOCI TOSTATE E UN PIZZICO DI ROSMARINO FRESCO, SONO UN MERAVIGLIOSO CONDIMENTO PER QUESTE SOSTANZIOSE COSTOLETTE.

- 2 cucchiai di rosmarino fresco tritato
- 1 cucchiaio di lavanda fresca tritata
- ½ cucchiaino di aglio in polvere
- ½ cucchiaino di pepe nero
- 4 braciole di maiale, affettate spesse 1¼ pollici (circa 3 libbre)
- 1 cucchiaio di olio d'oliva
- 1 scalogno grande, affettato sottilmente
- 1 ½ tazza di uva rossa e/o verde senza semi
- ½ bicchiere di vino bianco secco
- ¾ tazza di noci tritate grossolanamente
- rosmarino fresco tagliato

1. Preriscaldare il forno a 375°F. In una piccola ciotola, unisci 2 cucchiai ciascuno di rosmarino, lavanda, aglio in polvere e pepe. Strofina uniformemente la miscela di erbe sulle braciole di maiale. In una padella antiaderente molto grande, scaldare l'olio a fuoco medio. Aggiungi le costolette nella padella; cuocere da 6 a 8 minuti o fino a doratura su entrambi i lati. Trasferisci le costolette in un piatto; coprire con un foglio.

2. Aggiungi gli scalogni nella padella. Cuocere e mescolare a fuoco medio per 1 minuto. Aggiungere l'uva e il vino. Cuocere per altri 2 minuti, mescolando per raschiare eventuali pezzetti dorati. Riporta le braciole di maiale nella padella. Metti la teglia nel forno; cuocere da 25 a 30 minuti o fino a quando le costolette sono pronte (145 ° F).

3. Nel frattempo, distribuisci le noci in una teglia poco profonda. Viene aggiunto al forno con le costolette. Cuocere per circa 8 minuti o fino a tostatura, lanciando una volta per uniformare la doratura.

4. Per servire, guarnire le braciole di maiale con uva tostata e noci. Cospargere con altro rosmarino fresco.

BRACIOLE DI MAIALE ALLA FIORENTINA CON BROCCOLI GRIGLIATI

FORMAZIONE:20 minuti Grill: 20 minuti Marinato: 3 minuti Per: 4 porzioniFOTO

"ALLA FIORENTINA"SIGNIFICA SOSTANZIALMENTE "NELLO STILE DI FIRENZE". QUESTA RICETTA È ISPIRATA ALLA BISTECCA ALLA FIORENTINA, UNA FIORENTINA TOSCANA COTTA A LEGNA E GRIGLIATA CON I SAPORI PIÙ SEMPLICI - DI SOLITO SOLO OLIO D'OLIVA, SALE, PEPE NERO E UNA SPRUZZATA DI LIMONE FRESCO PER COMPLETARE IL TUTTO.

- 1 chilogrammo di cime di rapa
- 1 cucchiaio di olio d'oliva
- 4 braciole di maiale con osso da 6 a 8 once, affettate spesse da 1 ½ a 2 pollici
- Pepe nero macinato grosso
- 1 limone
- 4 spicchi d'aglio, affettati sottilmente
- 2 cucchiai di rosmarino fresco tritato
- 6 foglie di salvia fresca tritate
- 1 cucchiaino di scaglie di peperoncino macinato (o a piacere)
- ½ tazza di olio d'oliva

1. In una pentola capiente, cuoci i broccoli in acqua bollente per 1 minuto. Trasferire immediatamente in una ciotola di acqua ghiacciata. Quando sono freddi, scolare i broccoli su una teglia foderata di carta assorbente, asciugandoli il più possibile con altra carta assorbente. Rimuovere i tovaglioli di carta dalla teglia. Condire i broccoli con 1 cucchiaio di olio d'oliva, mescolando per ricoprire; mettere da parte fino al momento di grigliare.

2. Cospargere le braciole di maiale su entrambi i lati con pepe macinato grosso; accantonare. Usando un pelapatate, rimuovi le strisce di scorza dal limone (riserva il limone per un altro uso). Spargere strisce di scorza di limone, aglio a fette, rosmarino, salvia e peperoncino tritato su un grande piatto da portata; accantonare.

3. Per una griglia a carbone, sposta la maggior parte dei carboni ardenti su un lato della griglia, lasciandone un po' sotto l'altro lato della griglia. Scottare le costolette direttamente sulla brace per 2 o 3 minuti o fino a quando non si forma una crosta marrone. Girare le cotolette e friggere il secondo lato per altri 2 minuti. Sposta le costolette sull'altro lato della griglia. Coprire e grigliare per 10-15 minuti o fino al termine (145 ° F). (Per una griglia a gas, preriscaldare la griglia; ridurre il calore su un lato della griglia a medio. Scottare le costolette come indicato sopra a fuoco alto. Passare al lato della griglia a fuoco medio; continuare come indicato sopra.)

4. Trasferisci le cotolette sul piatto. Condire le costolette con ½ tazza di olio d'oliva, girandole per ricoprire entrambi i lati. Lascia marinare le costolette per 3-5 minuti prima di servire, girandole una o due volte per infondere alla carne i sapori della scorza di limone, dell'aglio e delle erbe aromatiche.

5. Mentre le costolette riposano, grigliare leggermente i broccoli e scaldarli. Disporre i broccoli sul piatto con le braciole di maiale; versare la marinata su ogni cotoletta e broccoli appena prima di servire.

BRACIOLE DI MAIALE RIPIENE DI SCAROLA

FORMAZIONE: 20 minuti Tempo di cottura: 9 minuti Dosi: 4 porzioni

LA SCAROLA PUÒ ESSERE CONSUMATA COME INSALATA VERDE. O SOFFRIGGERE LEGGERMENTE CON AGLIO IN OLIO D'OLIVA PER UN CONTORNO VELOCE. QUI, COMBINATO CON OLIO D'OLIVA, AGLIO, PEPE NERO, PEPERONCINO TRITATO E LIMONE, CREA UN BEL RIPIENO VERDE PALLIDO PER SUCCOSE BRACIOLE DI MAIALE ALLA GRIGLIA.

4 braciole di maiale con osso da 6 a 8 once, affettate spesse ¾ di pollice

½ indivia media, tritata finemente

4 cucchiai di olio d'oliva

1 cucchiaio di succo di limone fresco

¼ cucchiaino di pepe nero

¼ di cucchiaino di pepe rosso macinato

2 grandi spicchi d'aglio, tritati

Olio

1 cucchiaio di salvia fresca tritata

¼ cucchiaino di pepe nero

⅓ bicchiere di vino bianco secco

1. Usando un coltello, taglia una tasca profonda, larga circa 2 pollici, nel lato curvo di ogni braciola di maiale; accantonare.

2. In una ciotola capiente, unisci la scarola, 2 cucchiai di olio d'oliva, il succo di limone, ¼ di cucchiaino di pepe nero, peperoncino tritato e aglio. Farcire ogni cotoletta con un quarto del composto. Spennellare le costolette con olio

d'oliva. Cospargere con salvia e ¼ di cucchiaino di pepe nero macinato.

3. In una padella molto grande, scalda i restanti 2 cucchiai di olio d'oliva a fuoco medio-alto. Friggere il maiale per 4 minuti su ciascun lato fino a doratura. Trasferisci le costolette in un piatto. Aggiungi il vino nella padella, raschiando i pezzetti dorati. Ridurre i succhi di padella per 1 minuto.

4. Versare il sugo della padella sulle braciole prima di servire.

BRACIOLE DI MAIALE IN CROSTA DI NOCI PECAN DI DIGIONE

FORMAZIONE:15 minuti tempo di cottura: 6 minuti tempo di cottura: 3 minuti Per: 4 porzioniFOTO

QUESTE COSTOLETTE IN CROSTA DI SENAPE E NOCINON POTREBBE ESSERE PIÙ SEMPLICE DA REALIZZARE E LA RICOMPENSA PER IL GUSTO SUPERA DI GRAN LUNGA LO SFORZO. PROVALI CON LA ZUCCA BUTTERNUT ARROSTITA ALLA CANNELLA (VEDIREDDITO), INSALATA WALDORF NEOCLASSICA (VEDIREDDITO), OPPURE CAVOLETTI DI BRUXELLES E INSALATA DI MELE (CFRREDDITO).

- ⅓ tazza di noci pecan tritate, tostate (vedimancia)
- 1 cucchiaio di salvia fresca tritata
- 3 cucchiai di olio d'oliva
- 4 braciole di maiale con l'osso tagliate al centro, spesse circa 1 pollice (circa 2 libbre in totale)
- ½ cucchiaino di pepe nero
- 2 cucchiai di olio d'oliva
- 3 cucchiai di senape alla Digione (vedireddito)

1. Preriscaldare il forno a 400°F. In una piccola ciotola, unisci le noci, la salvia e 1 cucchiaio di olio d'oliva.

2. Cospargere le braciole di maiale con il pepe. In una padella capiente, scalda i restanti 2 cucchiai di olio d'oliva a fuoco alto. Aggiungi le costolette; cuocere per circa 6 minuti o fino a doratura su entrambi i lati, girando una volta. Togli la padella dal fuoco. Cospargi la senape alla Dijon sulle costolette; cospargere con il composto di noci, premendo leggermente la senape.

3. Metti la teglia nel forno. Cuocere per 3-4 minuti o fino a quando le costolette sono pronte (145 ° F).

CROSTA DI MAIALE ALLE NOCI CON INSALATA DI SPINACI E MIRTILLI

FORMAZIONE:30 minuti tempo di cottura: 4 minuti per: 4 porzioni

LA CARNE DI MAIALE HA UN SAPORE NATURALMENTE DOLCE.SI SPOSA BENE CON LA FRUTTA. MENTRE I SOLITI SOSPETTI SONO FRUTTI AUTUNNALI COME MELE E PERE - O DRUPACEE COME PESCHE, PRUGNE E ALBICOCCHE - IL MAIALE È DELIZIOSO ANCHE CON LE MORE, CHE HANNO UN SAPORE DOLCE SIMILE AL VINO.

1⅔ tazze di more

1 cucchiaio più 1 ½ cucchiaino di acqua

3 cucchiai di olio di noci

1 cucchiaio più 1 ½ cucchiaino di aceto di vino bianco

2 uova

¾ tazza di farina di mandorle

⅓ tazza di noci tritate

1 cucchiaio più 1 cucchiaino e mezzo di spezie mediterranee (vedireddito)

4 braciole di maiale disossate o braciole di maiale (da 1 a 1½ libbre in totale)

6 tazze di foglie di spinaci novelli freschi

½ tazza di foglie di basilico appena strappate

½ tazza di cipolla rossa tritata

½ tazza di noci tritate e tostate (vedimancia)

¼ di tazza di olio di cocco raffinato

1. Per la vinaigrette alle more, in una piccola casseruola, unisci 1 tazza di more e acqua. Portare ad ebollizione; ridurre il calore. Cuocere, coperto, per 4-5 minuti o solo fino a quando i fagioli sono teneri e di colore marrone brillante, mescolando di tanto in tanto. Togliere dal fuoco; rinfrescati un po'. Versare le more non sbucciate in un

frullatore o robot da cucina; coprire e frullare o lavorare fino a che liscio. Usando il dorso di un cucchiaio, passare la purea di frutta attraverso un setaccio a maglie fini; scartare semi e solidi. In una ciotola media, unisci la frutta secca, l'olio di noci e l'aceto; accantonare.

2. Foderare una teglia grande con carta da forno; accantonare. In una ciotola leggermente profonda, sbattere delicatamente le uova con una forchetta. In un'altra ciotola poco profonda, unire la farina di mandorle, ⅓ tazza di noci tritate e il condimento mediterraneo. Immergi le braciole di maiale, una alla volta, nelle uova e poi nel composto di noci, girandole per ricoprirle uniformemente. Mettere le braciole di maiale ricoperte sulla teglia preparata; accantonare.

3. In una ciotola capiente, unisci gli spinaci e il basilico. Dividi le verdure in quattro piatti da portata, disponendole lungo un lato dei piatti. Completare con ⅔ tazza di bacche rimanenti, cipolla rossa e ½ tazza di noci tostate. Condire con la vinaigrette alle more.

4. In una padella molto grande, scalda l'olio di cocco a fuoco medio-alto. Aggiungi le braciole di maiale nella padella; cuocere per circa 4 minuti o fino a cottura ultimata (145 ° F), girando una volta. Aggiungi le braciole di maiale ai condimenti per l'insalata.

COTOLETTA DI MAIALE CON CAVOLO ROSSO IN AGRODOLCE

FORMAZIONE:20 minuti tempo di cottura: 45 minuti Per: 4 porzioni

A"PRINCIPI PALEO"PARTE DI QUESTO LIBRO,LA FARINA DI MANDORLE (CHIAMATA ANCHE FARINA DI MANDORLE) È ELENCATA COME INGREDIENTE NON PALEO - NON PERCHÉ LA FARINA DI MANDORLE SIA INTRINSECAMENTE CATTIVA, MA PERCHÉ È SPESSO USATA PER CREARE BROWNIES, BISCOTTI, TORTE ECC. DI UNA VERA DIETA PALEO®. USATO CON PARSIMONIA COME RIVESTIMENTO PER UN FILETTO DI MAIALE FRITTO O CAPESANTE DI POLLO, COME È QUI, NON È UN PROBLEMA.

CAVOLO

- 2 cucchiai di olio d'oliva
- 1 tazza di cipolla rossa tritata
- 6 tazze di cavolo rosso affettato sottilmente (circa mezza testa)
- 2 mele Granny Smith, sbucciate, private del torsolo e tagliate a cubetti
- ¾ tazza di succo d'arancia fresco
- 3 cucchiai di aceto di sidro
- ½ cucchiaino di semi di cumino
- ½ cucchiaino di semi di sedano
- ½ cucchiaino di pepe nero

MAIALE

- 4 braciole di maiale disossate, tagliate a fette spesse mezzo centimetro
- 2 tazze di farina di mandorle
- 1 cucchiaio di scorza di limone essiccata
- 2 cucchiaini di pepe nero
- ¾ cucchiaino di pimento
- 1 uovo grande

¼ tazza di latte di mandorle
3 cucchiai di olio d'oliva
fette di limone

1. Per il cavolo in agrodolce, in un forno olandese da 6 quarti, scaldare l'olio d'oliva a fuoco medio-basso. Aggiungi la cipolla; cuocere da 6 a 8 minuti o fino a quando ammorbidito e leggermente dorato. Aggiungi cavolo; cuocere e mescolare da 6 a 8 minuti o fino a quando il cavolo è tenero e croccante. Aggiungere le mele, il succo d'arancia, l'aceto, i semi di cumino, i semi di sedano e ½ cucchiaino di pepe. Portare ad ebollizione; ridurre il calore al minimo. Coprire e cuocere per 30 minuti, mescolando di tanto in tanto. Coprire e cuocere fino a quando il liquido si riduce un po'.

2. Nel frattempo, per il maiale, metti le costolette tra due fogli di pellicola trasparente o carta da forno. Usando il lato piatto di un batticarne o un mattarello, pestare fino a ottenere uno spessore di circa ¼ di pollice; accantonare.

3. In una ciotola poco profonda, unire la farina di mandorle, la scorza di limone essiccata, 2 cucchiaini ciascuno di pepe e pimento. In un'altra ciotola poco profonda, sbatti insieme l'uovo e il latte di mandorle. Ricoprire leggermente le braciole di maiale nella farina stagionata, eliminando l'eccesso. Immergere nel composto di uova, poi di nuovo nella farina stagionata, eliminando l'eccesso. Ripeti con le costolette rimanenti.

4. In una padella capiente, scalda l'olio d'oliva a fuoco medio-alto. Aggiungi 2 costolette nella padella. Cuocere da 6 a 8 minuti o fino a quando le costolette sono dorate e cotte,

girando una volta. Trasferisci le costolette su un piatto riscaldato. Ripeti con le restanti 2 costolette.

5. Servire le cotolette con cavolo e spicchi di limone.

TACCHINO ARROSTO CON RADICI DI AGLIO SCHIACCIATE

FORMAZIONE:1 ora Arrosto: 2 ore e 45 minuti Standby: 15 minuti Fa: da 12 a 14 porzioni

CERCA UN TACCHINO CHE ABBIANON È STATA INIETTATA UNA SOLUZIONE SALINA. SE L'ETICHETTA DICE "POTENZIATO" O "AUTOALLINEANTE", PROBABILMENTE È PIENO DI SODIO E ALTRI ADDITIVI.

- 1 tacchino da 12 a 14 libbre
- 2 cucchiai di spezie mediterranee (vedireddito)
- ¼ tazza di olio d'oliva
- 3 libbre di carote medie, sbucciate, tagliate e tagliate a metà o in quarti nel senso della lunghezza
- 1 ricetta Radici di purea di aglio (vedireddito, inferiore)

1. Preriscaldare il forno a 425°F. Rimuovere il collo di tacchino e i gocciolamenti; riservare per un altro uso se lo si desidera. Rilasciare con attenzione la pelle dal bordo del seno. Passa le dita sotto la pelle per creare una tasca sopra il seno e sopra le cosce. Cucchiaio 1 cucchiaio di spezie mediterranee sotto la pelle; usa le dita per stenderlo uniformemente sul petto e sulle cosce. Tira indietro la pelle del collo; fissare con uno stuzzicadenti. Posiziona le punte dei bastoncini sotto la striscia di pelo sulla coda. Se non è presente alcuna fascia di pelliccia, legare

strettamente le cosce alla coda con spago da cucina 100% cotone. Ruota le punte delle ali sotto la schiena.

2. Metti il tacchino, con il petto rivolto verso l'alto, su una griglia in una teglia molto grande e poco profonda. Spennellare il tacchino con 2 cucchiai di olio. Cospargere il tacchino con il restante condimento mediterraneo. Inserisci un termometro per carne al centro di un muscolo interno della coscia; il termometro non deve toccare l'osso. Copri il tacchino senza stringere con un foglio di alluminio.

3. Cuocere per 30 minuti. Ridurre la temperatura del forno a 325 ° F. Cuocere per 1 1/2 ore. In una ciotola molto capiente, unisci le carote e i restanti 2 cucchiai di olio; gioca a vestirti. Distribuire le carote su una grande teglia. Rimuovere la pellicola dal tacchino e tagliare la striscia di pelle o lo spago tra le cosce. Arrostire le carote e il tacchino per 45 minuti a 1 ora e ¼ in più, o fino a quando un termometro registra 175 ° F.

4. Togli il tacchino dal forno. Copertina; lasciare riposare per 15-20 minuti prima di affettare. Servire il tacchino con carote e radici di aglio schiacciate.

Radici di aglio schiacciate: tagliare e sbucciare da 3 a 3½ libbre di rutabaga e da 1½ a 2 libbre di radice di sedano; tagliato in pezzi da 2 pollici. In una pentola da 6 litri, cuocere le rutabaghe e la radice di sedano in acqua bollente sufficiente a coprire per 25-30 minuti o fino a quando sono molto teneri. Nel frattempo, in una piccola casseruola, unire 3 cucchiai di olio extravergine di oliva e da 6 a 8 spicchi d'aglio tritati. Cuocere a fuoco basso per 5-

10 minuti o fino a quando l'aglio è molto profumato ma non dorato. Aggiungere con cura ¾ tazza di brodo di ossa di pollo (vedi<u>reddito</u>) o brodo di pollo non salato. Portare ad ebollizione; togliere dal fuoco. Scolare le verdure e tornare nella padella. Schiacciate le verdure con uno schiacciapatate o sbattetele con un mixer a bassa velocità. Aggiungere ½ cucchiaino di pepe nero. A poco a poco frullare o incorporare la miscela di brodo fino a quando le verdure non sono combinate e quasi lisce. Se necessario, aggiungi un altro ¼ di tazza di brodo di ossa di pollo per ottenere la consistenza desiderata.

PETTO DI TACCHINO RIPIENO DI PESTO E INSALATA DI RUCOLA

FORMAZIONE:30 minuti Arrosto: 1 ora e 30 minuti Stand: 20 minuti Fa: 6 porzioni

QUESTO È PER GLI AMANTI DELLA CARNE BIANCAFUORI - UN CROCCANTE PETTO DI TACCHINO RIPIENO DI POMODORI SECCHI, BASILICO E SPEZIE MEDITERRANEE. GLI AVANZI SONO UN OTTIMO PRANZO.

- 1 tazza di pomodori secchi senza zolfo (non confezionati in olio)
- 1 petto di tacchino disossato con pelle da 10 libbre
- 3 cucchiaini di spezie mediterranee (vedireddito)
- 1 tazza di foglie di basilico appena confezionate
- 1 cucchiaio di olio d'oliva
- 8 once di rucola baby
- 3 pomodori grandi, tagliati a metà e affettati
- ¼ tazza di olio d'oliva
- 2 cucchiai di aceto di vino rosso
- Pepe nero
- 1½ tazze di pesto di basilico (vedireddito)

1. Preriscaldare il forno a 375°F. In una piccola ciotola, versare acqua bollente sui pomodori secchi a sufficienza per coprirli. Lascia riposare per 5 minuti; scolare e tritare finemente.

2. Adagiare il petto di tacchino, con la pelle rivolta verso il basso, su un grande foglio di pellicola trasparente. Metti un altro foglio di pellicola trasparente sul tacchino. Usando il lato piatto di un batticarne, battere delicatamente il petto fino a renderlo uniforme, spesso circa ¾ di pollice. Eliminare l'involucro di plastica.

Cospargi 1 cucchiaino e mezzo di condimento mediterraneo sulla carne. Completare con i pomodorini e le foglie di basilico. Arrotolare con cura il petto di tacchino, mantenendo la pelle all'esterno. Usando lo spago da cucina in cotone al 100%, lega la bistecca in quattro o sei punti per fissarla. Condire con 1 cucchiaio di olio d'oliva. Cospargi la bistecca con il restante 1½ cucchiaino di condimento mediterraneo.

3. Metti la bistecca su una griglia posta in una piccola teglia, con la pelle rivolta verso l'alto. Cuocere, scoperto, per 1 ora e mezza o fino a quando un termometro a lettura istantanea inserito vicino al centro registra 165 ° F e la pelle è marrone dorato e croccante. Togli il tacchino dal forno. Coprire liberamente con un foglio; lasciate riposare per 20 minuti prima di tagliare le fette.

4. Per l'insalata di rucola, in una ciotola capiente, unire rucola, pomodori, ¼ di tazza di olio d'oliva, aceto e pepe a piacere. Rimuovi i fili dalla bistecca. Fetta sottile di tacchino. Viene servito con insalata di rucola e pesto di basilico.

PETTO DI TACCHINO CONDITO CON SALSA BARBECUE ALLA CILIEGIA

FORMAZIONE:15 minuti Tostatura: 1 ora e 15 minuti Attesa: 45 minuti Fa: da 6 a 8 porzioni

QUESTA È UN'OTTIMA RICETTA PERSERVI UNA FOLLA IN UN BARBECUE IN GIARDINO QUANDO VUOI FARE QUALCOSA DI DIVERSO DAGLI HAMBURGER. SERVIRE CON UN'INSALATA CROCCANTE, COME L'INSALATA DI BROCCOLI CROCCANTI (VEDIREDDITO) O INSALATA DI CAVOLETTI DI BRUXELLES GRATTUGIATI (VEDIREDDITO).

1 petto di tacchino intero da 4 a 5 libbre

3 cucchiai di spezie affumicate (vedireddito)

2 cucchiai di succo di limone fresco

3 cucchiai di olio d'oliva

1 bicchiere di vino bianco secco, come il Sauvignon Blanc

1 tazza di ciliegie Bing fresche o congelate, non zuccherate, snocciolate e tritate

⅓ tazza d'acqua

1 tazza di salsa barbecue (vedireddito)

1. Lasciare il petto di tacchino a temperatura ambiente per 30 minuti. Preriscalda il forno a 325°F. Mettere il petto di tacchino, con la pelle rivolta verso l'alto, in una padella.

2. In una piccola ciotola, unisci le spezie affumicate, il succo di limone e l'olio d'oliva per fare una pasta. Allentare la pelle dalla carne; Distribuire delicatamente metà della pasta sulla carne sotto la pelle. Stendere uniformemente la pasta rimanente sulla pelle. Versare il vino sul fondo della pirofila.

3. Arrostire per 1¼ a 1½ ore, o fino a quando la pelle è dorata e un termometro a lettura istantanea inserito al centro della bistecca (senza toccare l'osso) registra 170°F, girando la padella a metà del tempo di cottura. Lasciare riposare per 15-30 minuti prima di affettare.

4. Nel frattempo, per la salsa barbecue alla ciliegia, in una casseruola media, unire le ciliegie e l'acqua. Portare ad ebollizione; ridurre il calore. Cuocere, scoperto, per 5 minuti. Mescolare la salsa barbecue; far bollire per 5 minuti. Servire caldo oa temperatura ambiente con il tacchino.

CARNE DI TACCHINO COTTA NEL VINO

FORMAZIONE: 30 minuti tempo di cottura: 35 minuti per: 4 porzioni

GRIGLIARE IL TACCHINO IN UNA COMBINAZIONE DI VINO, POMODORI ROMA TRITATI, BRODO DI POLLO, ERBE FRESCHE E PEPERONCINO TRITATO GLI INFONDE UN SAPORE ECCEZIONALE. SERVIRE QUESTO SPEZZATINO IN CIOTOLE POCO PROFONDE E CON CUCCHIAI GRANDI PER OTTENERE UN PO' DI BRODO SAPORITO IN OGNI BOCCONE.

- 2 lombi di tacchino da 8 a 12 once, tagliati in pezzi da 1 pollice
- 2 cucchiai di condimento per pollame non salato
- 2 cucchiai di olio d'oliva
- 6 spicchi d'aglio tritati (1 cucchiaio)
- 1 tazza di cipolla tritata
- ½ tazza di sedano tritato
- 6 pomodori Roma, senza semi e tritati (circa 3 tazze)
- ½ bicchiere di vino bianco secco, come il Sauvignon Blanc
- ½ tazza di brodo di ossa di pollo (vedi reddito) o brodo di pollo non salato
- ½ cucchiaino di rosmarino fresco tritato
- ¼ a ½ cucchiaino di pepe rosso macinato
- ½ tazza di foglie di basilico fresco, tritate
- ½ tazza di prezzemolo fresco tritato

1. In una ciotola capiente, mescola i pezzi di tacchino con il condimento di pollame per ricoprirli. In una padella antiaderente molto grande, scalda 1 cucchiaio di olio d'oliva a fuoco medio. Cuocere il tacchino poco a poco in olio bollente fino a doratura su tutti i lati. (Il tacchino non ha bisogno di essere cotto.) Trasferire in un piatto e tenere al caldo.

2. Aggiungi il restante 1 cucchiaio di olio d'oliva nella padella. Aumenta il calore a medio-alto. Aggiungere l'aglio; cuocere e mescolare per 1 minuto. Aggiungi cipolla e sedano; cuocere e mescolare per 5 minuti. Aggiungi il tacchino e gli eventuali succhi della padella, i pomodori, il vino, il brodo di ossa di pollo, il rosmarino e il peperoncino tritato. Ridurre la temperatura a medio bassa. Coprire e cuocere per 20 minuti, mescolando di tanto in tanto. Aggiungere basilico e prezzemolo. Scoprire e cuocere per altri 5 minuti o fino a quando il tacchino non è più rosa.

PETTO DI TACCHINO SALTATO CON SALSA DI SCAMPI ALL'ERBA CIPOLLINA

FORMAZIONE:30 minuti tempo di cottura: 15 minuti per: 4 porzioniFOTO

TAGLIARE A METÀ I FILETTI DI TACCHINOORIZZONTALMENTE NEL MODO PIÙ UNIFORME POSSIBILE, PREMI DELICATAMENTE CIASCUNO CON IL PALMO DELLA MANO, ESERCITANDO UNA PRESSIONE COSTANTE MENTRE TAGLI LA CARNE.

- ¼ tazza di olio d'oliva
- 2 filetti di petto di tacchino da 8 a 12 once, tagliati a metà orizzontalmente
- ¼ di cucchiaino di pepe nero appena macinato
- 3 cucchiai di olio d'oliva
- 4 spicchi d'aglio, tritati
- 8 once di gamberi medi, sbucciati e sgranati, le code rimosse e tagliate a metà nel senso della lunghezza
- ¼ di bicchiere di vino bianco secco, brodo di ossa di pollo (vedireddito), o brodo di pollo non salato
- 2 cucchiai di erba cipollina tritata fresca
- ½ cucchiaino di scorza di limone finemente grattugiata
- 1 cucchiaio di succo di limone fresco
- Pasta con zucca e pomodorini (vedireddito, sotto) (facoltativo)

1. In una padella molto grande, scalda 1 cucchiaio di olio d'oliva a fuoco medio-alto. Aggiungi il tacchino nella padella; cospargere di pepe. Ridurre il calore a medio. Cuocere da 12 a 15 minuti o fino a quando non è più rosa e i succhi scorrono limpidi (165 ° F), girando una volta a metà cottura. Rimuovere le bistecche di tacchino dalla padella. Coprire con un foglio di alluminio per tenerlo al caldo.

2. Per la salsa, nella stessa padella, scaldare i 3 cucchiai di olio d'oliva a fuoco medio. Aggiungere l'aglio; cuocere per 30 secondi. Mescolare i gamberi; cuocere e mescolare per 1 minuto. Mescolare il vino, l'erba cipollina e la scorza di limone; cuocere e mescolare ancora 1 minuto o fino a quando i gamberi diventano opachi. Togliere dal fuoco; mescolare con succo di limone. Per servire, versare la salsa sugli arrosti di tacchino. Se lo si desidera, servire con zucca e pasta di pomodoro.

Pasta di zucca e pomodoro: usando un mandolino o un pelapatate alla julienne, taglia 2 zucchine gialle a julienne. In una padella capiente, scalda 1 cucchiaio di olio extra vergine di oliva a fuoco medio-alto. Aggiungi strisce di zucca; cuocere per 2 minuti. Aggiungere 1 tazza di pomodorini tagliati in quarti e ¼ di cucchiaino di pepe nero appena macinato; cuocere per altri 2 minuti o fino a quando le zucchine sono croccanti.

COSCE DI TACCHINO ARROSTO CON RADICE

FORMAZIONE:30 minuti di cottura: 1 ora e 45 minuti Per: 4 porzioni

QUESTO È UNO DI QUEI PIATTIVUOI FARE IN UN FRESCO POMERIGGIO AUTUNNALE QUANDO HAI TEMPO PER FARE UNA PASSEGGIATA MENTRE CUOCE A FUOCO LENTO NEL FORNO. SE L'ESERCIZIO FISICO NON STIMOLA L'APPETITO, LO FARÀ SICURAMENTE IL MERAVIGLIOSO AROMA QUANDO VARCHI LA PORTA.

- 3 cucchiai di olio d'oliva
- 4 cosce di tacchino da 20 a 24 once
- ½ cucchiaino di pepe nero appena macinato
- 6 spicchi d'aglio, puliti e tritati
- 1 ½ cucchiaino di semi di finocchio, ammaccati
- 1 cucchiaino di pimento intero, schiacciato*
- 1 ½ tazza di brodo di ossa di pollo (vedi reddito) o brodo di pollo non salato
- 2 rametti di rosmarino fresco
- 2 rametti di timo fresco
- 1 foglia di alloro
- 2 cipolle grandi, sbucciate e tagliate in 8 fette ciascuna
- 6 carote grandi, sbucciate e tagliate a fette da 1 pollice
- 2 rape grandi, sbucciate e tagliate a cubetti da 1 pollice
- 2 rape medie, sbucciate e tagliate a fettine da 2,5 cm**
- 1 radice di sedano, sbucciata e tagliata a pezzi da 1 pollice

1. Preriscaldare il forno a 350°F. In una padella capiente, scaldare l'olio d'oliva a fuoco medio-alto fino a doratura. Aggiungi 2 cosce di tacchino. Cuocere per circa 8 minuti o fino a quando le cosce sono dorate e croccanti su tutti i lati, diventano uniformemente dorate. Trasferisci le cosce

di tacchino in un piatto; ripetere con le restanti 2 cosce di tacchino. Mettilo via.

2. Aggiungi il peperone, l'aglio, i semi di finocchio e i semi di pimento nella padella. Cuocere e mescolare a fuoco medio per 1 o 2 minuti o fino a quando non è fragrante. Mescolare il brodo di ossa di pollo, il rosmarino, il timo e l'alloro. Portare a ebollizione, mescolando per raschiare eventuali pezzetti dorati dal fondo della padella. Togliere la padella dal fuoco e mettere da parte.

3. In un forno olandese molto grande con un coperchio aderente, mescola la cipolla, le carote, le pastinache, le pastinache e la radice di sedano. Aggiungi il liquido della padella; gioca a vestirti. Premi le cosce di tacchino nella miscela di verdure. Coprire con il coperchio.

4. Arrostire per circa 1 ora e 45 minuti o fino a quando le verdure sono tenere e il tacchino è cotto. Servi le cosce di tacchino e le verdure in ciotole larghe e poco profonde. Cospargere i succhi di pan sopra.

*Suggerimento: per schiacciare pimento e semi di finocchio, metti i semi su un tagliere. Usando il lato piatto di un coltello da chef, premi verso il basso per schiacciare delicatamente i semi.

**Suggerimento: coprire i pezzi grandi sopra le pastinache.

POLPETTONE DI TACCHINO ALLE ERBE CON KETCHUP DI CIPOLLE CARAMELLATE E FETTINE DI CAVOLO ARROSTO

FORMAZIONE:15 minuti tempo di cottura: 30 minuti tempo di cottura: 1 ora e 10 minuti tempo di cottura: 5 minuti Fa: 4 porzioni

LA CLASSICA BISTECCA CON GLASSA AL KETCHUP LO E SICURAMENTENEL MENU PALEO QUANDO KETCHUP (VEDIREDDITO) NON CONTIENE SALE E ZUCCHERI AGGIUNTI. QUI IL KETCHUP VIENE MESCOLATO CON CIPOLLE CARAMELLATE, CHE VENGONO POI IMPILATE SOPRA IL POLPETTONE PRIMA DELLA COTTURA.

- 1 chilo e mezzo di tacchino macinato
- 2 uova leggermente sbattute
- ½ tazza di farina di mandorle
- ⅓ tazza di prezzemolo fresco tritato
- ¼ di tazza di tè a fette sottili (2)
- 1 cucchiaio di salvia fresca tritata o 1 cucchiaino di salvia secca macinata
- 1 cucchiaio di timo fresco tritato o 1 cucchiaio di timo essiccato e tritato
- ¼ cucchiaino di pepe nero
- 2 cucchiai di olio d'oliva
- 2 cipolle dolci, tagliate a metà e affettate sottilmente
- 1 tazza di Paleo Ketchup (vedireddito)
- 1 cavolo piccolo, tagliato a metà, privato del torsolo e tagliato in 8 spicchi
- ½ a 1 cucchiaino di pepe rosso macinato

1. Preriscaldare il forno a 350°F. Rivestire una grande teglia con carta da forno; accantonare. In una grande ciotola, unisci il tacchino macinato, le uova, la farina di mandorle, il prezzemolo, l'erba cipollina, la salvia, il timo e il pepe

nero. Sulla teglia preparata, modellare il composto di tacchino in una pagnotta da 8 × 4 pollici. Cuocere per 30 minuti.

2. Nel frattempo, per il ketchup di cipolle caramellate, scalda 1 cucchiaio di olio d'oliva in una padella capiente a fuoco medio. Aggiungi la cipolla; cuocere per circa 5 minuti o fino a quando la cipolla inizia a rosolare, mescolando spesso. Ridurre la temperatura a medio bassa; cuocere per circa 25 minuti o fino a doratura e molto tenero, mescolando di tanto in tanto. Togliere dal fuoco; aggiungere il Paleo Ketchup.

3. Metti un po' di ketchup di cipolle caramellate sopra il panino di tacchino. Disporre le fette di cavolo intorno al pane. Condire il cavolo con il rimanente 1 cucchiaio di olio d'oliva; cospargere con pepe rosso macinato. Cuocere per circa 40 minuti o fino a quando un termometro a lettura istantanea inserito al centro del pane registra 165 ° F, guarnire con ulteriore ketchup di cipolle caramellate e girare le fette di cavolo dopo 20 minuti. Lascia riposare il tortino di tacchino per 5-10 minuti prima di affettarlo.

4. Servire il tortino di tacchino con gli spicchi di cavolo e l'eventuale ketchup di cipolla caramellata rimanente.

POSOLE DI TACCHINO

FORMAZIONE:20 minuti Cottura: 8 minuti Cottura: 16 minuti Per: 4 porzioni

I CONDIMENTI DI QUESTA ZUPPA CALDA IN STILE MESSICANOSONO PIÙ CHE DECORAZIONI. IL CORIANDOLO AGGIUNGE UN SAPORE CARATTERISTICO, L'AVOCADO AGGIUNGE CREMOSITÀ E LE CROCCHETTE TOSTATE FORNISCONO UN DELIZIOSO SCRICCHIOLIO.

8 pomodori freschi

Da 1¼ a 1½ libbre di tacchino macinato

1 peperone rosso privato dei semi e tagliato a listarelle sottili

½ tazza di cipolla tritata (1 media)

6 spicchi d'aglio tritati (1 cucchiaio)

1 cucchiaio di condimento messicano (vedireddito)

2 tazze di brodo di ossa di pollo (vedireddito) o brodo di pollo non salato

1 lattina da 14,5 once di pomodori arrostiti al fuoco non salati, scolati

1 peperoncino jalapeno o serrano, privato dei semi e tritato (vedimancia)

1 avocado medio, tagliato a metà, sbucciato, privato dei semi e affettato sottilmente

¼ di tazza di patatine non salate, fritte (vedimancia)

¼ tazza di coriandolo fresco tritato

fette di limone

1. Preriscalda il pollo. Rimuovere la pelle dal pomodoro e scartarlo. Lavate i pomodorini e tagliateli a metà. Mettere le metà di pomodoro sulla piastra non riscaldata di una padella. Grigliare a 4-5 pollici di calore per 8-10 minuti o fino a quando leggermente carbonizzato, girando una volta a metà cottura. Fatela raffreddare un po' nella teglia su una griglia.

2. Nel frattempo, in una padella capiente, cuocere il tacchino, il peperone e la cipolla a fuoco medio-alto per 5-10 minuti, o

fino a quando il tacchino è dorato e le verdure sono tenere, mescolando con un cucchiaio di legno per rompere il carne. mentre cucini. Scolare il grasso se necessario. Aggiungi l'aglio e il condimento messicano. Cuocere e mescolare per un altro 1 minuto.

3. In un frullatore, unire circa due terzi dei pomodori carbonizzati e 1 tazza di brodo di ossa di pollo. Coprire e mescolare fino a che liscio. Aggiungi al composto di tacchino nella padella. Aggiungi 1 tazza di brodo di ossa di pollo rimanente, pomodori con la buccia e pepe. Tritare grossolanamente i pomodori rimanenti; aggiungere alla miscela di tacchino. Portare ad ebollizione; ridurre il calore. Coprire e cuocere per 10 minuti.

4. Per servire, versare la zuppa in ciotole poco profonde. Completare con avocado, crocchette e coriandolo. Passare le fette di limone da spremere sulla zuppa.

BRODO DI OSSA DI POLLO

FORMAZIONE: 15 minuti Arrostire: 30 minuti Cuocere al forno: 4 ore Refrigerare: durante la notte Fa: circa 10 tazze

PER LA DEGUSTAZIONE PIÙ FRESCA, MIGLIORE E PIÙ ALTACONTENUTO DI NUTRIENTI: USA IL BRODO DI POLLO FATTO IN CASA NELLE TUE RICETTE (INOLTRE NON HA SALE, CONSERVANTI O ADDITIVI). ARROSTIRE LE OSSA PRIMA DELL'EBOLLIZIONE NE ESALTA IL SAPORE. MAN MANO CHE CUOCIONO LENTAMENTE NEL LIQUIDO, LE OSSA INFONDONO AL BRODO MINERALI COME CALCIO, FOSFORO, MAGNESIO E POTASSIO. LA VERSIONE A COTTURA LENTA DI SEGUITO LO RENDE PARTICOLARMENTE FACILE DA REALIZZARE. CONGELARE IN CONTENITORI DA 2 E 4 TAZZE E SCONGELARE SOLO CIÒ DI CUI HAI BISOGNO.

2 chili di ali di pollo e dorso

4 carote, tritate

2 grossi porri, solo le parti bianche e verde chiaro, affettati sottilmente

2 gambi di sedano con le foglie, tritati grossolanamente

1 manioca, tritata grossolanamente

6 grandi rametti di prezzemolo italiano (foglia piatta)

6 rametti di timo fresco

4 spicchi d'aglio tagliati a metà

2 cucchiaini di pepe nero intero

2 chiodi di garofano interi

Acqua fredda

1. Preriscaldare il forno a 425°F. Disporre le ali e il dorso di pollo in una teglia capiente; Cuocere per 30-35 minuti o fino a doratura.

2. Trasferisci i pezzi di pollo rosolati e tutti i pezzetti dorati che si sono accumulati nella padella in una pentola capiente. Aggiungere carote, porri, sedano, pastinaca, prezzemolo, timo, aglio, pepe ed erba cipollina. Aggiungi abbastanza acqua fredda (circa 12 tazze) in una pentola capiente per coprire il pollo e le verdure. Portare a ebollizione a fuoco medio; regola il fuoco per mantenere il brodo a fuoco lento, con le bolle che rompono appena la superficie. Coprire e cuocere per 4 ore.

3. Filtrare il brodo caldo attraverso un grande setaccio foderato con due strati di panno umido di cotone 100%. Scartare i solidi. Coprire il brodo e lasciarlo raffreddare durante la notte. Prima dell'uso, rimuovere lo strato superiore di grasso dal brodo e scartarlo.

Suggerimento: per alleggerire la zuppa (facoltativo), in una piccola ciotola unire 1 albume d'uovo, 1 guscio d'uovo schiacciato e ¼ di tazza di acqua fredda. Mescolare il composto nel brodo filtrato nella padella. Riportalo a ebollizione. Togliere dal fuoco; lasciate riposare per 5 minuti. Filtrare il brodo caldo attraverso un setaccio foderato con un doppio strato fresco di tela di cotone 100%. Raffreddare e scremare il grasso prima dell'uso.

Istruzioni per la cottura lenta: preparare come indicato, ad eccezione del passaggio 2, mettere gli ingredienti in una pentola a cottura lenta da 5 a 6 litri. Coprire e cuocere a fuoco basso per 12-14 ore. Continua come indicato nel passaggio 3. Fa circa 10 tazze.

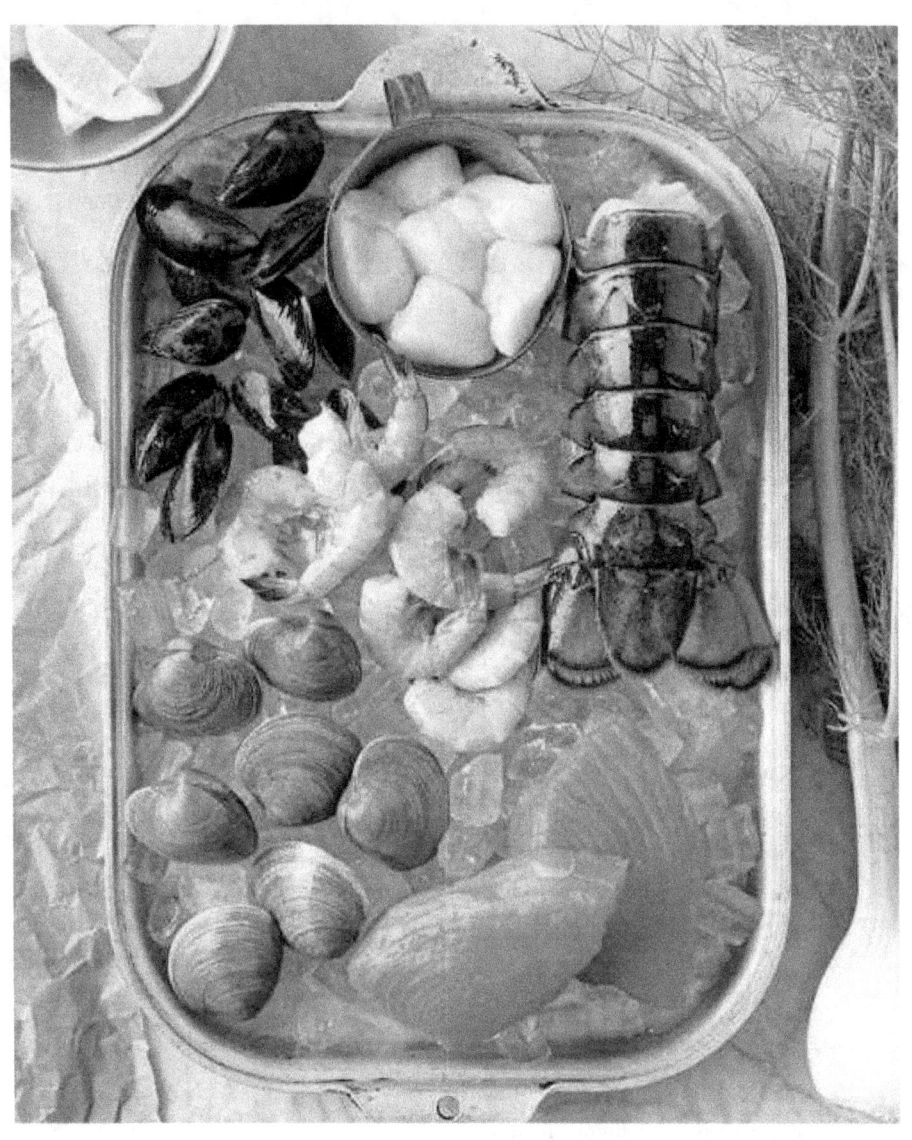

SALMONE VERDE HARISSA

FORMAZIONE: 25 minuti Cottura al forno: 10 minuti Grill: 8 minuti Per: 4 porzioni FOTO

VIENE UTILIZZATO UN PELAPATATE STANDARDTAGLIARE GLI ASPARAGI FRESCHI CRUDI A LISTARELLE SOTTILI PER L'INSALATA. CONDITO CON VINAIGRETTE DI AGRUMI BRILLANTE (VEDI REDDITO) E GUARNITO CON SEMI DI GIRASOLE TOSTATI AFFUMICATI, È UN ACCOMPAGNAMENTO RINFRESCANTE PER IL SALMONE PICCANTE E LA SALSA ALLE ERBE VERDI.

SALMONE
- 4 filetti di salmone senza pelle da 6 a 8 once, freschi o congelati, spessi circa 1 pollice
- Olio

HARISSA
- 1½ cucchiaino di semi di cumino
- 1½ cucchiaino di semi di coriandolo
- 1 tazza di foglie di prezzemolo fresco ben confezionate
- 1 tazza di coriandolo fresco tritato grossolanamente (foglie e steli)
- 2 jalapeños, privati dei semi e tritati grossolanamente (vedi mancia)
- 1 cipolla, tagliata a pezzi
- 2 spicchi d'aglio
- 1 cucchiaino di scorza di limone finemente grattugiata
- 2 cucchiai di succo di limone fresco
- ⅓ tazza di olio d'oliva

SEMI DI GIRASOLE CONDITI
- ⅓ tazza di semi di girasole crudi
- 1 cucchiaino di olio d'oliva
- 1 cucchiaino di spezie affumicate (vedi reddito)

INSALATA
12 asparagi grandi, tagliati (circa 1 kg)
⅓ tazza di vinaigrette agli agrumi Bright (vedi reddito)

1. Scongelare il pesce, se è congelato; Asciugare con salviette di carta. Spennellare leggermente entrambi i lati del pesce con olio d'oliva. Mettilo via.

2. Per l'harissa, in una piccola padella, tostare i semi di cumino e di coriandolo a fuoco medio-basso per 3-4 minuti o fino a quando non saranno leggermente tostati e fragranti. In un robot da cucina, unisci cumino tostato e semi di coriandolo, prezzemolo, coriandolo, jalapeños, scalogno, aglio, scorza di limone, succo di limone e olio d'oliva. Processo fino a che liscio. Mettilo via.

3. Per i semi di girasole tostati, preriscaldare il forno a 300°F. Rivestire una teglia con carta da forno; accantonare. In una piccola ciotola, unisci i semi di girasole e 1 cucchiaino di olio d'oliva. Cospargi le spezie affumicate sui semi; lanciare per ricoprire. Distribuire uniformemente i semi di girasole sulla carta da forno. Cuocere per circa 10 minuti o fino a quando leggermente dorati.

4. Per una griglia a carbone oa gas, posiziona il salmone su una griglia unta direttamente a fuoco medio. Coprire e grigliare per 8-12 minuti o fino a quando il pesce inizia a sfaldarsi quando viene testato con una forchetta, girando una volta a metà cottura.

5. Nel frattempo, per l'insalata, con un pelapatate, tagliare gli asparagi a listarelle lunghe e sottili. Trasferire su un piatto o una ciotola media. (Le punte cadranno man mano che le lance si assottigliano; aggiungile al piatto o alla ciotola.)

Cospargi la brillante vinaigrette agli agrumi sulle lance rasate. Cospargere con semi di girasole conditi.

6. Per servire, adagiare un filetto su ciascuno dei quattro piatti; Metti un cucchiaio di harissa verde su ogni filetto. Servito con insalata di asparagi grattugiati.

SALMONE ALLA GRIGLIA CON INSALATA DI CUORI DI CARCIOFI MARINATI

FORMAZIONE:20 minuti grill: 12 minuti per: 4 porzioni

SPESSO I MIGLIORI STRUMENTI PER PREPARARE UN'INSALATASONO LE TUE MANI PER INCORPORARE UNIFORMEMENTE LA TENERA LATTUGA E I CARCIOFI GRIGLIATI IN QUESTA INSALATA, È MEGLIO FARLO CON LE MANI PULITE.

4 filetti di salmone da 6 once freschi o congelati

1 confezione da 9 once di cuori di carciofo surgelati, scongelati e scolati

5 cucchiai di olio d'oliva

2 cucchiai di scalogno tritato

1 cucchiaio di scorza di limone finemente grattugiata

¼ tazza di succo di limone fresco

3 cucchiai di origano fresco tritato

½ cucchiaino di pepe nero appena macinato

1 cucchiaio di condimento mediterraneo (vedireddito)

1 confezione da 5 once di insalata per bambini

1. Scongelare il pesce, se è congelato. Lavare il pesce; Asciugare con salviette di carta. Mettere da parte il pesce.

2. In una ciotola media, mescola i cuori di carciofo con 2 cucchiai di olio d'oliva; accantonare. In una ciotola capiente, unisci 2 cucchiai di olio d'oliva, scalogno, scorza di limone, succo di limone e origano; accantonare.

3. Per una griglia a carbone oa gas, metti i cuori di carciofo in un cestello e griglia direttamente a fuoco medio-alto. Coprire e grigliare per 6-8 minuti o fino a quando non sarà

ben carbonizzato e riscaldato, mescolando spesso. Togliere i carciofi dalla griglia. Lasciate raffreddare per 5 minuti e aggiungete i carciofi al composto di scalogno. Condire con pepe; gioca a vestirti. Mettilo via.

4. Spennellare il salmone con il rimanente 1 cucchiaio di olio; cospargere con spezie mediterranee. Metti il salmone sulla griglia, con il lato condito rivolto verso il basso, direttamente a fuoco medio-alto. Coprire e cuocere alla griglia per 6-8 minuti o fino a quando il pesce inizia a sfaldarsi quando viene testato con una forchetta, girando con cura una volta a metà cottura.

5. Aggiungere la lattuga nella ciotola con il carciofo marinato; mescolare delicatamente per ricoprire. Servire l'insalata con il salmone grigliato.

SALMONE SALVIA-CILE AL FORNO FLASH CON SALSA DI POMODORO VERDE

FORMAZIONE: 35 minuti Freddo: da 2 a 4 ore Arrosto: 10 minuti Fa: 4 porzioni

"FLASH-ROASTING" SI RIFERISCE ALLA TECNICASCALDARE UNA PADELLA ASCIUTTA NEL FORNO AD ALTA TEMPERATURA, AGGIUNGERE UN FILO D'OLIO E IL PESCE, IL POLLO O LA CARNE (CHE SFRIGOLA!), E FINIRE IL PIATTO IN FORNO. LA FRITTURA RAPIDA RIDUCE I TEMPI DI COTTURA E CREA UNA CROSTA DELIZIOSAMENTE CROCCANTE ALL'ESTERNO E UN INTERNO SUCCOSO E SAPORITO.

SALMONE

- 4 filetti di salmone fresco o congelato da 5 a 6 once
- 3 cucchiai di olio d'oliva
- ¼ tazza di cipolla tritata finemente
- 2 spicchi d'aglio, puliti e tagliati a fettine
- 1 cucchiaio di coriandolo macinato
- 1 cucchiaino di cumino macinato
- 2 cucchiaini di paprika dolce
- 1 cucchiaino di origano essiccato, tritato
- ¼ di cucchiaino di pepe di cayenna
- ⅓ tazza di succo di limone fresco
- 1 cucchiaio di salvia fresca tritata

SALSA DI POMODORO VERDE

- 1 ½ tazza di pomodori verdi a dadini
- ⅓ tazza di cipolla rossa tritata
- 2 cucchiai di coriandolo fresco tritato
- 1 jalapeno, privato dei semi e tritato (vedi mancia)

1 spicchio d'aglio, tritato

½ cucchiaino di cumino macinato

¼ di cucchiaino di peperoncino in polvere

2 o 3 cucchiai di succo di limone fresco

1. Scongelare il pesce, se è congelato. Lavare il pesce; Asciugare con salviette di carta. Mettere da parte il pesce.

2. Per la pasta di salvia, in una piccola casseruola, unire 1 cucchiaio di olio d'oliva, cipolla e aglio. Cuocere a fuoco basso per 1 o 2 minuti o fino a quando non è fragrante. Mescolare il coriandolo e il cumino; cuocere e mescolare per 1 minuto. Mescolare paprika, origano e pepe di Caienna; cuocere e mescolare per 1 minuto. Aggiungere il succo di limone e la salvia; cuocere e mescolare per circa 3 minuti o solo fino a formare una pasta liscia; Freddo.

3. Usando le dita, spennellare entrambi i lati dei filetti con pasta di salvia. Metti il pesce in un bicchiere o contenitore non reattivo; coprire bene con pellicola trasparente. Refrigerare per 2 a 4 ore.

4. Nel frattempo, per la salsa, in una ciotola media, unire i pomodori, la cipolla, il coriandolo, il jalapeño, l'aglio, il cumino e il peperoncino in polvere. Mescolare bene per amalgamare. Acqua con succo di limone; gioca a vestirti.

4. Usando una spatola di gomma, raccogli quanta più pasta di salmone possibile. Rilascia la cartella.

5. Metti una grande padella di ghisa nel forno. Impostare il forno a 500 ° F. Preriscaldare il forno con la padella.

6. Rimuovere la padella calda dal forno. Versare 1 cucchiaio di olio d'oliva nella padella. Coprire la padella per ricoprire il

fondo della padella con olio. Metti i filetti nella padella, con la pelle rivolta verso il basso. Spennellare i filetti con il rimanente 1 cucchiaio di olio d'oliva.

7. Cuocere il salmone per circa 10 minuti o fino a quando il pesce inizia a staccarsi quando viene testato con una forchetta. Servire il pesce con il prezzemolo.

SALMONE FRITTO E ASPARAGI IN CARTOCCIO CON PESTO DI LIMONE E NOCCIOLE

FORMAZIONE: 20 minuti Arrosto: 17 minuti Dosi: 4 porzioni

CUCINARE "EN PAPILLOTE" SIGNIFICA SEMPLICEMENTE CUOCERE SU CARTA.E UN BEL MODO DI CUCINARE PER MOLTE RAGIONI. IL PESCE E LE VERDURE CUOCIONO A VAPORE NEL PACCHETTO DI PERGAMENA, SIGILLANDO I SUCCHI, IL SAPORE E LE SOSTANZE NUTRITIVE, E NON CI SONO PENTOLE E PADELLE DA LAVARE DOPO.

- 4 filetti di salmone da 6 once freschi o congelati
- 1 tazza di foglie di basilico fresco confezionate in modo lasco
- 1 tazza di foglie di prezzemolo fresco leggermente confezionate
- ½ tazza di nocciole tostate*
- 5 cucchiai di olio d'oliva
- 1 cucchiaino di scorza di limone finemente grattugiata
- 2 cucchiai di succo di limone fresco
- 1 spicchio d'aglio, tritato
- 1 chilogrammo di asparagi tritati finemente
- 4 cucchiai di vino bianco secco

1. Scongelare il salmone, se congelato. Lavare il pesce; Asciugare con salviette di carta. Preriscalda il forno a 400 ° F.

2. Per il pesto, in un frullatore o robot da cucina, unire il basilico, il prezzemolo, le nocciole, l'olio d'oliva, la scorza di limone, il succo di limone e l'aglio. Coprire e frullare o lavorare fino a che liscio; accantonare.

3. Taglia quattro quadrati da 12 pollici di carta pergamena. Per ogni pacchetto, posiziona un filetto di salmone al centro di un quadrato di pergamena. Completare con un quarto degli asparagi e 2-3 cucchiai di pesto; cospargere con 1 cucchiaio di vino. Unisci i due lati opposti della carta da forno e ripiega il pesce alcune volte. Piega gli angoli della pergamena per sigillare. Ripeti per fare altri tre pacchetti.

4. Cuocere per 17-19 minuti o fino a quando il pesce inizia a staccarsi quando viene testato con una forchetta (aprire con attenzione la confezione per verificare la cottura).

*Suggerimento: per tostare le nocciole, preriscaldare il forno a 180°C. Distribuire le noci in un unico strato in una teglia poco profonda. Cuocere per 8-10 minuti o fino a quando leggermente dorato, lanciando una volta per una doratura uniforme. Raffreddare un po 'le noci. Metti le noci calde su un canovaccio pulito; strofinare con un asciugamano per rimuovere la pelle flaccida.

SALMONE CONDITO CON FUNGHI E SALSA DI MELE

DALL'INIZIO ALLA FINE: 40 minuti fanno: 4 porzioni

TUTTO QUESTO FILETTO DI SALMONECONDITA CON UN MIX DI FUNGHI SALTATI, SCALOGNO, FETTINE DI MELA DALLA BUCCIA ROSSA - E SERVITA SU UN LETTO DI SPINACI VERDE BRILLANTE - È UN PIATTO STRAORDINARIO DA SERVIRE AGLI OSPITI.

1 chilo e mezzo di filetti di salmone intero fresco o congelato, con la pelle
1 cucchiaino di semi di finocchio, tritati finemente*
½ cucchiaino di salvia essiccata, tritata
½ cucchiaino di coriandolo macinato
¼ di cucchiaino di senape secca
¼ cucchiaino di pepe nero
2 cucchiai di olio d'oliva
1½ tazze di funghi cremini freschi, tagliati in quattro
1 scalogno medio, affettato molto sottile
1 mela piccola da cuocere, tagliata in quarti, snocciolata e affettata sottilmente
¼ di bicchiere di vino bianco secco
4 tazze di spinaci freschi
rametti di salvia fresca (opzionale)

1. Scongelare il salmone, se congelato. Preriscalda il forno a 425 ° F. Fodera una teglia grande con carta pergamena; accantonare. Lavare il pesce; Asciugare con salviette di carta. Adagiare il salmone, con la pelle rivolta verso il basso, sulla teglia preparata. In una piccola ciotola, unisci i semi di finocchio, ½ cucchiaino di salvia essiccata, il coriandolo, la senape e il pepe. Cospargere uniformemente sul salmone; strofinare con le dita.

2. Misurare lo spessore del pesce. Cuocere il salmone per 4-6 minuti per uno spessore di ½ pollice o fino a quando il pesce inizia ad allentarsi quando viene testato con una forchetta.

3. Nel frattempo, per la salsa in padella, scalda l'olio d'oliva in una padella capiente a fuoco medio. Aggiungi funghi e scalogno; cuocere da 6 a 8 minuti o fino a quando i funghi sono teneri e iniziano a dorare, mescolando di tanto in tanto. Aggiungi la mela; coprire e cuocere e mescolare per altri 4 minuti. Aggiungere il vino con attenzione. Cuocere, scoperto, per 2-3 minuti o fino a quando le fette di mela sono tenere. Usando un cucchiaio forato, trasferisci il composto di funghi in una ciotola media; coprire per stare al caldo.

4. Nella stessa padella, cuocere gli spinaci per 1 minuto o finché gli spinaci non appassiscono, mescolando continuamente. Dividi gli spinaci in quattro piatti da portata. Tagliare il filetto di salmone in quattro parti uguali, tagliando la pelle ma non attraverso di essa. Usa una spatola grande per rimuovere porzioni di salmone dalla pelle; adagiare su ogni piatto una porzione di salmone sugli spinaci. Distribuire uniformemente il composto di funghi sul salmone. A piacere guarnire con salvia fresca.

*Suggerimento: usa un mortaio e un pestello o un macinaspezie per macinare finemente i semi di finocchio.

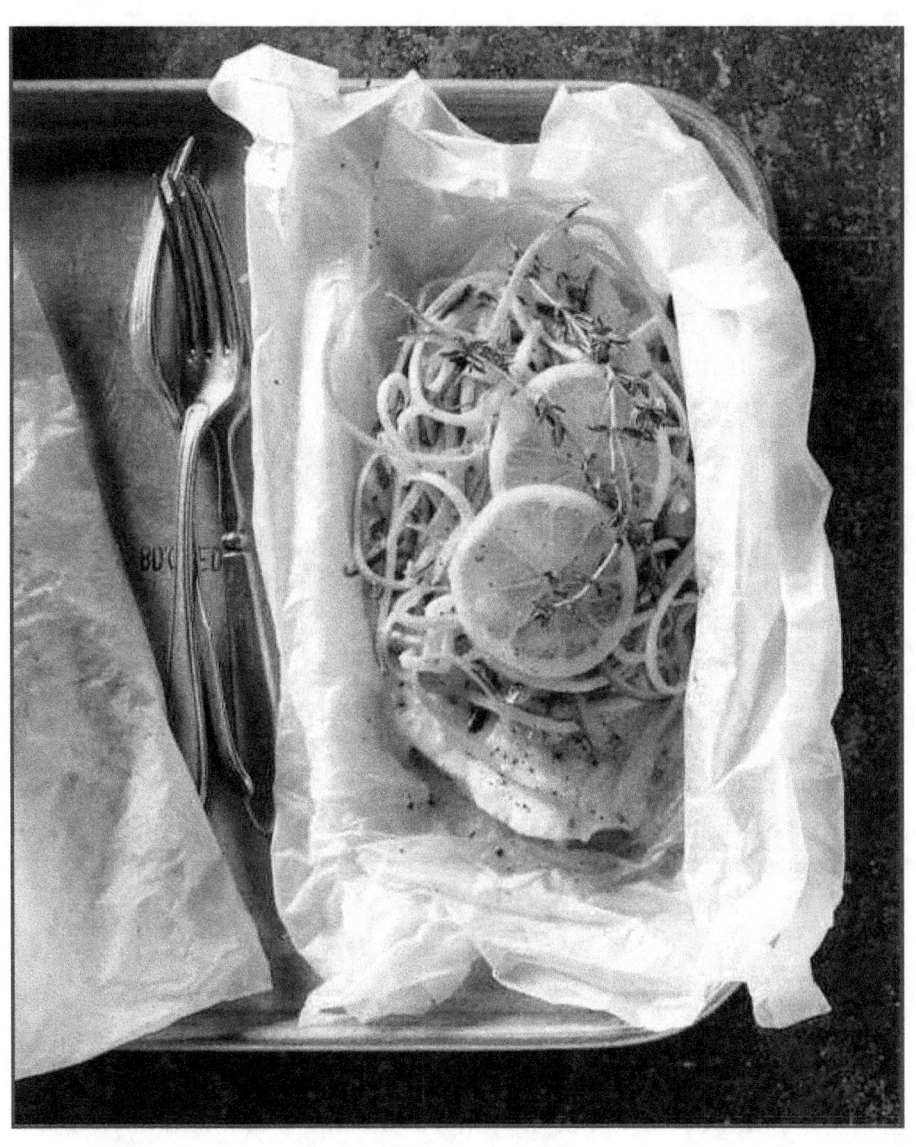

SOGLIOLA IN PAPILLOTE CON JULIENNE DI VERDURE

FORMAZIONE:30 minuti tempo di cottura: 12 minuti per: 4 porzioni<u>FOTO</u>

PUOI SICURAMENTE TAGLIARE LE VERDURE ALLA JULIENNECON UN COLTELLO DA CHEF MOLTO AFFILATO, MA CI VUOLE MOLTO TEMPO. UN PELAPATATE ALLA JULIENNE (VEDI"<u>ATTREZZATURA</u>") SEMPLIFICA IL LAVORO DI CREAZIONE DI STRISCE DI VERDURE LUNGHE, SOTTILI E DALLA FORMA UNIFORME.

4 6 once di halibut fresco o congelato, halibut o altri filetti di pesce bianco sodi

1 zucchina tagliata a julienne

1 carota grande tagliata a julienne

½ cipolla rossa, tagliata a julienne

2 pomodori Roma, snocciolati e tritati grossolanamente

2 spicchi d'aglio, tritati

1 cucchiaio di olio d'oliva

½ cucchiaino di pepe nero

1 limone, tagliato in 8 fettine sottili, privati dei semi

8 rametti di timo fresco

4 cucchiaini di olio d'oliva

¼ di bicchiere di vino bianco secco

1. Scongelare il pesce, se è congelato. Preriscalda il forno a 375 ° F. In una ciotola capiente, unisci zucchine, carote, cipolla, pomodori e aglio. Aggiungi 1 cucchiaio di olio d'oliva e ¼ di cucchiaino di pepe; mescolare bene per unire. Mettere da parte le verdure.

2. Taglia quattro quadrati da 14 pollici di carta pergamena. Lavare il pesce; Asciugare con salviette di carta. Posiziona una linguetta al centro di ogni quadrato. Cospargere con il

rimanente ¼ di cucchiaino di pepe. Disporre le verdure, le fettine di limone e i rametti di timo sui filetti, dividendoli uniformemente. Irrorare ogni pila con 1 cucchiaino di olio d'oliva e 1 cucchiaio di vino bianco.

3. Lavorando con un pacchetto alla volta, solleva due lati opposti della carta pergamena e ripiega il pesce alcune volte. Piega gli angoli della pergamena per sigillare.

4. Disporre i pacchetti in una grande teglia. Cuocere per circa 12 minuti o fino a quando il pesce inizia a staccarsi quando testato con una forchetta (aprire con attenzione la confezione per verificare la cottura).

5. Per servire, adagiare ogni confezione su un piatto; aprire i pacchetti con attenzione.

TACOS DI PESCE AL PESTO DI RUCOLA CON CREMA DI LIMONE AFFUMICATO

FORMAZIONE:Grigliatura di 30 minuti: da 4 a 6 minuti per ½ pollice di spessore Resa: 6 porzioni

PUOI SOSTITUIRE IL CODICE CON SUOLA- SOLO NON TILAPIA. LA TILAPIA È PURTROPPO UNA DELLE PEGGIORI SCELTE PER IL PESCE. È COLTIVATO QUASI UNIVERSALMENTE E SPESSO IN CONDIZIONI ORRIBILI, QUINDI ANCHE SE LA TILAPIA È QUASI ONNIPRESENTE, DOVREBBE ESSERE EVITATA.

- 4 filetti di halibut freschi o congelati, da 4 a 5 once, spessi circa ½ pollice
- 1 ricetta pesto di rucola (vedireddito)
- ½ tazza di crema di anacardi (vedireddito)
- 1 cucchiaino di spezie affumicate (vedireddito)
- ½ cucchiaino di scorza di limone finemente grattugiata
- 12 foglie di lattuga
- 1 avocado maturo, tagliato a metà, senza semi, sbucciato e affettato sottilmente
- 1 tazza di pomodori a pezzetti
- ¼ tazza di coriandolo fresco tritato
- 1 lime, affettato

1. Scongelare il pesce, se è congelato. Lavare il pesce; Asciugare con salviette di carta. Mettere da parte il pesce.

2. Strofina un po' di pesto di rucola su entrambi i lati del pesce.

3. Per una griglia a carbone oa gas, posizionare il pesce su una griglia unta direttamente a fuoco medio. Coprire e grigliare per 4-6 minuti o fino a quando il pesce inizia a sfaldarsi quando viene testato con una forchetta, girando una volta a metà cottura.

4. Nel frattempo, per la crema di lime affumicato, in una ciotolina unire la crema di anacardi, le spezie di lime affumicato e la scorza di limone.

5. Con una forchetta, spezzettare il pesce. Riempire i fogli di burro con fette di pesce, avocado e pomodoro; cospargere di coriandolo. Condire i tacos con la crema affumicata al lime. Servire con spicchi di lime da spremere sui tacos.

SOGLIOLA IN CROSTA DI MANDORLE

FORMAZIONE:15 minuti tempo di cottura: 3 minuti per: 2 porzioni

SOLO UN PO' DI FARINA DI MANDORLECREA UNA BELLA CROSTA IN QUESTO PESCE FRITTO ESTREMAMENTE VELOCE, SERVITO CON MAIONESE CREMOSA E UNA SPRUZZATA DI LIMONE FRESCO.

12 once di filetti di halibut freschi o congelati

1 cucchiaio di condimento al limone e alle erbe (vedi_reddito_)

¼ a ½ cucchiaino di pepe nero

⅓ tazza di farina di mandorle

2 o 3 cucchiai di olio d'oliva

¼ di tazza Paleo Mayo (vedi_reddito_)

1 cucchiaino di aneto fresco tritato

fette di limone

1. Scongelare il pesce, se è congelato. Lavare il pesce; Asciugare con salviette di carta. In una piccola ciotola, unisci il condimento alla citronella e il pepe. Spennellare entrambi i lati dei filetti con la miscela di spezie, premendo leggermente per farli aderire. Distribuire la farina di mandorle su un piatto grande. Immergi un lato di ogni filetto nella farina di mandorle, premendo leggermente per farlo aderire.

2. In una padella capiente, scalda abbastanza olio da coprire la padella a fuoco medio-alto. Aggiungi il pesce, i lati rivestiti verso il basso. Cuocere per 2 minuti. Girare con cura il pesce; cuocere circa 1 minuto in più o fino a quando il pesce inizia a sfaldarsi quando viene testato con una forchetta.

3. Per il condimento, in una piccola ciotola, unisci Paleo Mayo e aneto. Servire il pesce con la salsa e spicchi di limone.

CONFEZIONI DI MERLUZZO GRIGLIATO E ZUCCHINE CON MANGO PICCANTE E SALSA AL BASILICO

FORMAZIONE: 20 minuti grill: 6 minuti per: 4 porzioni

Merluzzo fresco o congelato da 1 a 1½ libbre, spesso da ½ a 1 pollice

4 pezzi lunghi 24 pollici e larghi 12 pollici

1 zucchina media, tagliata a julienne

Condimento alla citronella (vedi reddito)

¼ di tazza Chipotle Paleo Mayo (vedi reddito)

1-2 cucchiai di purea di mango maturo*

1 cucchiaio di succo di limone o lime fresco o aceto di vino di riso

2 cucchiai di basilico fresco tritato

1. Scongelare il pesce, se è congelato. Lavare il pesce; Asciugare con salviette di carta. Tagliare il pesce in quattro pezzi delle dimensioni di una porzione.

2. Piega ogni foglio di alluminio a metà per creare un doppio quadrato da 12 pollici. Metti una porzione di pesce al centro di un quadrato di carta stagnola. Coprire con un quarto delle zucchine. Cospargere con il condimento alla citronella. Aprire due lati opposti del foglio e ripiegare più volte sopra le zucchine e il pesce. Piega le estremità del foglio di alluminio. Ripeti per fare altri tre pacchetti. Per condire, in una piccola ciotola, unire Chipotle Paleo Mayo, mango, succo di lime e basilico; accantonare.

3. Per una griglia a carbone oa gas, posizionare i pacchetti sulla griglia oliata direttamente a fuoco medio. Coprire e cuocere alla griglia per 6-9 minuti, o fino a quando il pesce inizia a sfaldarsi quando testato con una forchetta e la

zucca è croccante (aprire la confezione con attenzione per verificare la cottura). Non girare i pacchetti durante la cottura alla griglia. Copri ogni porzione con la salsa.

*Suggerimento: per la purea di mango, frulla ¼ di tazza di mango tritato e 1 cucchiaio di acqua in un frullatore. Coprire e mescolare fino a che liscio. Aggiungi l'eventuale purea di mango rimanente a un frullato.

RIESLING DI MERLUZZO CON POMODORINI RIPIENI DI PESTO

FORMAZIONE:30 minuti tempo di cottura: 10 minuti per: 4 porzioni

Filetti di merluzzo fresco o congelato da 1 a 1½ libbre, spessi circa 1 pollice

4 pomodori romani

3 cucchiai di pesto di basilico (vedireddito)

¼ di cucchiaino di pepe nero tritato

1 tazza di Riesling secco o Sauvignon Blanc

1 rametto di timo fresco o ½ cucchiaino di timo essiccato, tritato

1 foglia di alloro

½ bicchiere d'acqua

2 cucchiai di erba cipollina tritata

fette di limone

1. Scongelare il pesce, se è congelato. Tagliare i pomodori a metà orizzontalmente. Rimuovi i semi e parte della polpa. (Se il pomodoro ha bisogno di spalmarsi, taglia una fetta molto sottile all'estremità, facendo attenzione a non fare un buco sul fondo del pomodoro.) Metti un cucchiaio di pesto su ogni metà di pomodoro; cospargere con pepe spezzato; accantonare.

2. Lavare il pesce; Asciugare con salviette di carta. Tagliare il pesce in quattro pezzi. Metti un piroscafo in una padella capiente con un coperchio aderente. Aggiungi circa ½ pollice di acqua nella padella. Portare ad ebollizione; ridurre il calore a medio. Aggiungi i pomodori, tagliati verso l'alto, nel cestello. Coprire e cuocere a vapore per 2 o 3 minuti o fino a quando non si sarà riscaldato.

3. Rimuovi i pomodori in un piatto; coprire per stare al caldo. Rimuovere il cestello vapore dalla padella; buttare via

l'acqua. Aggiungi il vino, il timo, l'alloro e ½ tazza d'acqua nella padella. Portare ad ebollizione; Ridurre la temperatura a medio bassa. Aggiungere il pesce e l'erba cipollina. Cuocere, coperto, per 8-10 minuti o fino a quando il pesce inizia a sfaldarsi quando viene testato con una forchetta.

4. Bagnate il pesce con un po' di brodo. Servire il pesce con pomodori ripieni di pesto e spicchi di limone.

MERLUZZO ALLA GRIGLIA IN CROSTA DI PISTACCHIO E CORIANDOLO SU PURÈ DI PATATE DOLCI

FORMAZIONE:Cuocere in 20 minuti: Cuocere in 10 minuti: da 4 a 6 minuti per ½ pollice di spessore Fa: 4 porzioni

Da 1 a 1 chilo e mezzo di merluzzo fresco o congelato
Olio d'oliva o olio di cocco raffinato
2 cucchiai di pistacchi macinati, noci o mandorle
1 albume d'uovo
½ cucchiaino di scorza di limone finemente grattugiata
1½ kg di patate dolci, sbucciate e tagliate a pezzi
2 spicchi d'aglio
1 cucchiaio di olio di cocco
1 cucchiaio di zenzero fresco grattugiato
½ cucchiaino di cumino macinato
¼ di tazza di latte di cocco (come Nature's Way)
4 cucchiaini di pesto di coriandolo o pesto di basilico (vedireddito)

1. Scongelare il pesce, se è congelato. Preriscalda il pollo. Rosolare con olio in una padella. In una piccola ciotola, unisci le noci tritate, gli albumi e la scorza di limone; accantonare.

2. Per il purè di patate dolci, in una casseruola media cuocere le patate dolci e l'aglio in acqua bollente sufficiente a coprire per 10-15 minuti o finché sono teneri. perdita; rimettere le patate dolci e l'aglio nella padella. Usando uno schiacciapatate, schiacciare le patate dolci. Mescolare 1 cucchiaio ciascuno di olio di cocco, zenzero e cumino. Sbattere nel latte di cocco fino a renderlo leggero e spumoso.

3. Lavare il pesce; Asciugare con salviette di carta. Tagliare il pesce in quattro pezzi e metterlo sulla griglia non riscaldata di una padella. Piega sotto i bordi sottili. Spennellare ogni pezzo con il pesto di coriandolo. Versare il composto di noci nel pesto e spalmare delicatamente. Grigliare il pesce a fuoco da 4 pollici per 4-6 minuti per ½ pollice di spessore o fino a quando il pesce inizia a sfaldarsi quando viene testato con una forchetta, coprendo con un foglio durante la grigliatura se il rivestimento inizia a bruciare. Servire il pesce con le patate dolci.

BACCALÀ AL ROSMARINO E MANDARINO CON BROCCOLI FRITTI

FORMAZIONE:15 minuti Marinata: fino a 30 minuti Cottura: 12 minuti Fa: 4 porzioni

Da 1 a 1 chilo e mezzo di merluzzo fresco o congelato

1 cucchiaino di buccia di mandarino finemente grattugiata

½ tazza di mandarino fresco o succo d'arancia

4 cucchiai di olio d'oliva

2 cucchiaini di rosmarino tritato fresco

¼ a ½ cucchiaino di pepe nero tritato

1 cucchiaino di buccia di mandarino finemente grattugiata

3 tazze di cimette di broccoli

¼ di cucchiaino di pepe rosso macinato

Fette di mandarino, semi rimossi

1. Preriscaldare il forno a 450°F. Scongelare il pesce, se è congelato. Lavare il pesce; Asciugare con salviette di carta. Tagliare il pesce in quattro pezzi delle dimensioni di una porzione. Misura lo spessore del pesce. In una ciotola poco profonda, unisci la buccia di mandarino, il succo di mandarino, 2 cucchiai di olio d'oliva, il rosmarino e il pepe nero; aggiungere il pesce. Coprire e marinare in frigorifero per un massimo di 30 minuti.

2. In una ciotola capiente, mescola i broccoli con i restanti 2 cucchiai di olio d'oliva e il peperoncino tritato. Mettere in una teglia da 2 litri.

3. Ungere leggermente una teglia poco profonda con altro olio. Scolare il pesce, riservando la marinata. Metti il pesce nella padella, rimboccando i bordi sottili. Mettere il pesce e i broccoli nel forno. Arrostire i broccoli per 12-15 minuti o fino a quando diventano teneri, mescolando una volta a

metà cottura. Cuocere il pesce da 4 a 6 minuti per pesce spesso ½ pollice o fino a quando il pesce inizia ad allentarsi quando viene testato con una forchetta.

4. In una piccola padella, portare a ebollizione la marinata messa da parte; cuocere per 2 minuti. Versare la marinata sul pesce cotto. Servire il pesce con broccoli e fettine di mandarino.

AVVOLGERE CON INSALATA DI MERLUZZO AL CURRY CON RAVANELLI IN SALAMOIA

FORMAZIONE:20 minuti Standby: 20 minuti Cottura: 6 minuti Per: 4 porzioniFOTO

- 1 kg di filetti di merluzzo freschi o surgelati
- 6 ravanelli tritati grossolanamente
- 6-7 cucchiai di aceto di sidro
- ½ cucchiaino di pepe rosso macinato
- 2 cucchiai di olio di cocco non raffinato
- ¼ di tazza di burro di mandorle
- 1 spicchio d'aglio, tritato
- 2 cucchiaini di zenzero finemente grattugiato
- 2 cucchiai di olio d'oliva
- Da 1½ a 2 cucchiaini di curry non salato
- Da 4 a 8 foglie di lattuga o foglie di lattuga
- 1 peperone rosso, tagliato a julienne
- 2 cucchiai di coriandolo fresco tritato

1. Scongelare il pesce, se è congelato. In una ciotola media, unisci i ravanelli, 4 cucchiai di aceto e ¼ di cucchiaino di pepe rosso macinato; lasciate riposare per 20 minuti mescolando di tanto in tanto.

2. Per la salsa al burro di mandorle, in un pentolino, sciogliere l'olio di cocco a fuoco basso. Sbattere nel burro di mandorle fino a che liscio. Mescolare l'aglio, lo zenzero e ¼ di cucchiaino di peperoncino tritato. Togliere dal fuoco. Aggiungi i restanti 2-3 cucchiai di aceto di sidro, mescolando fino a che liscio; accantonare. (La salsa si addenserà leggermente quando si aggiunge l'aceto.)

3. Lavare il pesce; Asciugare con salviette di carta. Scaldare l'olio in una padella capiente e cuocere il curry a fuoco medio. Aggiungi il pesce; cuocere da 3 a 6 minuti o fino a quando il pesce inizia a sfaldarsi quando testato con una forchetta, girando una volta a metà cottura. Usando due forchette, squama grossolanamente il pesce.

4. Scolare i ravanelli; scartare la marinata. Metti una porzione di pesce, strisce di peperone, miscela di ravanelli e salsa al burro di mandorle su ogni foglia di lattuga. Cospargere con il coriandolo. Avvolgi la pellicola attorno al ripieno. Se lo si desidera, fissare gli involucri con stuzzicadenti di legno.

EGLEFINO AL FORNO CON LIMONE E FINOCCHIO

FORMAZIONE:25 minuti arrosto: 50 minuti fa: 4 porzioni

L'EGLEFINO, IL POLLOCK E IL MERLUZZO CE L'HANNO TUTTIPOLPA BIANCA SODA DAL SAPORE DELICATO. SONO INTERCAMBIABILI NELLA MAGGIOR PARTE DELLE RICETTE, INCLUSO QUESTO SEMPLICE PIATTO DI PESCE E VERDURE ARROSTITO CON ERBE E VINO.

- 4 filetti di eglefino, pollock o merluzzo freschi o congelati da 6 once, spessi circa ½ pollice
- 1 bulbo di finocchio grande, senza semi e affettato, foglie riservate e tritate
- 4 carote medie, tagliate a metà verticalmente e tagliate in pezzi lunghi da 2 a 3 pollici
- 1 cipolla rossa, tagliata a metà e affettata
- 2 spicchi d'aglio, tritati
- 1 limone, a fettine sottili
- 3 cucchiai di olio d'oliva
- ½ cucchiaino di pepe nero
- ¾ bicchiere di vino bianco secco
- 2 cucchiai di prezzemolo fresco tritato finemente
- 2 cucchiai di foglie di finocchio fresco tritate
- 2 cucchiaini di scorza di limone finemente grattugiata

1. Scongelare il pesce, se è congelato. Preriscalda il forno a 400 ° F. In un piatto rettangolare da 3 litri, unisci finocchi, carote, cipolla, aglio e spicchi di limone. Condire con 2 cucchiai di olio d'oliva e cospargere con ¼ di cucchiaino di pepe; gioca a vestirti. Versare il vino nel piatto. Coprire la ciotola con un foglio di alluminio.

2. Cuocere per 20 minuti. Scoprire; mescolare in miscela di verdure. Arrostire per altri 15-20 minuti o fino a quando le verdure sono tenere e croccanti. Mescolare la miscela di verdure. Cospargere il pesce con ¼ di cucchiaino di pepe rimasto; posizionare il pesce sopra il composto di verdure. Condire con il rimanente 1 cucchiaio di olio d'oliva. Cuocere per circa 8-10 minuti o fino a quando il pesce inizia a sfaldarsi quando viene testato con una forchetta.

3. In una piccola ciotola, unire il prezzemolo, le foglie di finocchio e la scorza di limone. Per servire, dividere il composto di pesce e verdure nei piatti da portata. Versare i succhi di pan su pesce e verdure. Cospargere con la miscela di prezzemolo.

DENTICE IN CROSTA DI NOCI PECAN CON REMOULADE E GOMBO E POMODORI CAJUN

FORMAZIONE:1 ora di cottura: 10 minuti di cottura: 8 minuti Per: 4 porzioni

QUESTO PIATTO DI PESCE E DEGNO DI COMPAGNIACI VUOLE UN PO' DI TEMPO PER PREPARARSI, MA I RICCHI SAPORI NE VALGONO LA PENA. LA REMOULADE, UNA SALSA A BASE DI MAIONESE GUARNITA CON SENAPE, LIMONE E SPEZIE CAJUN E CORIANDOLI DI PEPERONCINO TRITATO, ERBA CIPOLLINA E PREZZEMOLO, PUO ESSERE PREPARATA UN GIORNO PRIMA E REFRIGERATA.

- 4 cucchiai di olio d'oliva
- ½ tazza di noci tritate finemente
- 2 cucchiai di prezzemolo fresco tritato
- 1 cucchiaio di timo fresco tritato
- 2 filetti rossi da 8 once, spessi ½ pollice
- 4 cucchiaini di condimento cajun (vedi reddito)
- ½ tazza di cipolla tritata
- ½ tazza di peperone verde tritato
- ½ tazza di sedano a dadini
- 1 cucchiaio di aglio tritato
- Baccelli di gombo freschi da 1 libbra, tagliati a fette spesse 1 pollice (o asparagi freschi, tagliati in lunghezze di 1 pollice)
- 8 once di uva o pomodorini, dimezzati
- 2 cucchiaini di timo fresco tritato
- Pepe nero
- Rémoulade (vedi ricetta, a destra)

1. Scaldare 1 cucchiaio di olio d'oliva in una padella media a fuoco medio. Aggiungere le noci e tostare per circa 5

minuti o fino a doratura e fragrante, mescolando spesso. Trasferisci le noci in una piccola ciotola e lascia raffreddare. Aggiungere il prezzemolo e il timo e mettere da parte.

2. Preriscaldare il forno a 400°F. Rivestire una teglia con carta da forno o un foglio di alluminio. Disporre i filetti di dentice sulla teglia, con la pelle rivolta verso il basso e cospargere ciascuno con 1 cucchiaino di condimento Cajun. Usando un pennello da cucina, spennellare i filetti con 2 cucchiai di olio d'oliva. Dividere uniformemente il composto di noci pecan tra i filetti, premendo delicatamente le noci pecan sulla superficie del pesce in modo che aderiscano. Coprire tutte le aree esposte del filetto di pesce con le noci, se possibile. Cuocere il pesce per 8-10 minuti o finché non si sfalda facilmente con la punta di un coltello.

3. In una padella capiente, scalda il restante 1 cucchiaio di olio d'oliva a fuoco medio-alto. Aggiungere la cipolla, il peperone, il sedano e l'aglio. Cuocere e mescolare per 5 minuti o fino a quando le verdure sono tenere e croccanti. Aggiungere il gombo a fette (o gli asparagi se si usano) e i pomodori; cuocere da 5 a 7 minuti o fino a quando l'okra è tenero e i pomodori iniziano a scoppiettare. Togliere dal fuoco e condire con timo e pepe nero a piacere. Servire le verdure con dentice e Rémoulade.

Remoulade: in un robot da cucina, frullare ½ tazza di peperone rosso tritato, ¼ tazza di tè verde tritato e 2 cucchiai di prezzemolo fresco tritato fino a ottenere un composto fine. Aggiungi ¼ di tazza di Paleo Mayo (vedi<u>reddito</u>), ¼ di tazza di senape alla Digione (vedi<u>reddito</u>), 1½ cucchiaino di succo di limone e ¼ di cucchiaino di condimento Cajun (vedi<u>reddito</u>). Impulso fino a quando combinato. Trasferire in una ciotola da portata e conservare in frigorifero fino al momento di servire. (Remoulade può essere preparato 1 giorno prima e refrigerato.)

TORTINI DI TONNO AL DRAGONCELLO CON AVOCADO E LIME AÏOLI

FORMAZIONE:25 minuti tempo di cottura: 6 minuti per: 4 porzioniFOTO

INSIEME AL SALMONE, IL TONNO E UNOUNO DEI RARI TIPI DI PESCE CHE POSSONO ESSERE TRITATI FINEMENTE E TRASFORMATI IN HAMBURGER. FAI ATTENZIONE A NON LAVORARE TROPPO IL TONNO NEL ROBOT DA CUCINA: UNA LAVORAZIONE ECCESSIVA LO RENDE DIFFICILE.

- 1 kg di filetti di tonno senza pelle freschi o surgelati
- 1 albume d'uovo, leggermente sbattuto
- ¾ tazza di farina di lino dorata macinata
- 1 cucchiaio di dragoncello tritato o aneto fresco
- 2 cucchiai di erba cipollina tritata fresca
- 1 cucchiaino di scorza di limone finemente grattugiata
- 2 cucchiai di olio di semi di lino, olio di avocado o olio d'oliva
- 1 avocado medio, senza semi
- 3 cucchiai di Paleo Mayo (vedireddito)
- 1 cucchiaino di scorza di limone finemente grattugiata
- 2 cucchiaini di succo di limone fresco
- 1 spicchio d'aglio, tritato
- 4 once di spinaci baby (circa 4 tazze ben confezionate)
- ⅓ tazza di vinaigrette all'aglio arrostro (vedireddito)
- 1 mela Granny Smith, privata del torsolo e tagliata a pezzetti delle dimensioni di un fiammifero
- ¼ di tazza di noci tostate tritate (vedimancia)

1. Scongelare il pesce, se è congelato. Lavare il pesce; Asciugare con salviette di carta. Tagliare il pesce a pezzi di 1,5 cm. Metti il pesce in un robot da cucina; pulsare on / off fino a tritare finemente. (Fai attenzione a non cuocere troppo o indurirai l'hamburger.) Prenota il pesce.

2. In una ciotola media, unisci gli albumi, ¼ di tazza di farina di lino, dragoncello, erba cipollina e scorza di limone. Aggiungi il pesce; mescolare delicatamente per unire. Modella il composto di pesce in quattro polpette spesse mezzo pollice.

3. Metti la restante ½ tazza di farina di lino in una ciotola poco profonda. Immergi le polpette nella miscela di semi di lino, girandole per ricoprirle uniformemente.

4. In una padella capiente, scalda l'olio a fuoco medio. Cuocere le polpette di tonno in olio bollente per 6-8 minuti o fino a quando un termometro a lettura istantanea inserito orizzontalmente nelle polpette registra 160 ° F, girando una volta a metà cottura.

5. Nel frattempo, per l'aïoli, in una ciotola media, schiacciare l'avocado con una forchetta. Aggiungi Paleo Mayo, scorza di limone, succo di limone e aglio. Viene impastato fino a quando ben omogeneizzato e quasi omogeneo.

6. Metti gli spinaci in una ciotola media. Lancia gli spinaci con la vinaigrette all'aglio arrosto; gioca a vestirti. Per ogni porzione adagiare su un piatto da portata un tortino di tonno e un quarto degli spinaci. Coprire il tonno con un po' di salsa aioli. Top spinaci con mela e noci. Servire subito.

TAGINE DI CONTRABBASSO

FORMAZIONE: 50 minuti Raffreddamento: da 1 a 2 ore Cottura al forno: 22 minuti Cottura al forno: 25 minuti Fa: 4 porzioni

TAGINE È IL SUO NOMESIA UN TIPO DI PIATTO NORDAFRICANO (UNA SPECIE DI STUFATO) SIA LA PENTOLA A FORMA DI CONO IN CUI VIENE COTTO. SE NON NE HAI UNO, UNA TEGLIA DA FORNO COPERTA FUNZIONA BENISSIMO. CHERMOULA È UNA PASTA DENSA DI ERBE NORDAFRICANE CHE VIENE SPESSO UTILIZZATA COME MARINATA PER IL PESCE. SERVI QUESTO COLORATO PIATTO DI PESCE CON PURÈ DI PATATE DOLCI O CAVOLFIORE.

- 4 filetti di branzino o halibut freschi o congelati da 6 once, con la pelle
- 1 mazzetto di coriandolo, tritato
- 1 cucchiaino di scorza di limone grattugiata (mettere da parte)
- ¼ tazza di succo di limone fresco
- 4 cucchiai di olio d'oliva
- 5 spicchi d'aglio, tritati
- 4 cucchiaini di cumino macinato
- 2 cucchiaini di paprika dolce
- 1 cucchiaino di coriandolo macinato
- ¼ di cucchiaino di anice macinato
- 1 cipolla grande, sbucciata, tagliata a metà e tagliata a fettine sottili
- 1 lattina da 15 once di pomodori arrostiti al fuoco, non salati, non spremuti
- ½ tazza di brodo di ossa di pollo (vedireddito) o brodo di pollo non salato
- 1 peperone giallo grande, privato dei semi e tagliato a strisce da ½ pollice
- 1 peperone arancione grande, privato dei semi e tagliato a strisce da ½ pollice

1. Scongelare il pesce, se è congelato. Lavare il pesce; Asciugare con salviette di carta. Disporre i filetti di pesce in una teglia bassa e non metallica. Mettere da parte il pesce.

2. Per la chermoula, unisci coriandolo, succo di limone, 2 cucchiai di olio d'oliva, 4 spicchi d'aglio tritati, cumino, paprika, coriandolo e anice in un frullatore o robot da cucina. Coprire e lavorare fino a che liscio.

3. Metti metà della chermoula sul pesce, girandola su entrambi i lati. Coprire e conservare in frigorifero per 1 o 2 ore. Top con chermoula rimanente; lasciare a temperatura ambiente fino al momento dell'uso.

4. Preriscaldare il forno a 325°F. In una padella capiente, scalda i restanti 2 cucchiai di olio a fuoco medio-alto. Aggiungi la cipolla; cuocere e mescolare da 4 a 5 minuti o fino a quando ammorbidito. Aggiungere il restante 1 spicchio d'aglio tritato; cuocere e mescolare per 1 minuto. Aggiungi la chermoula riservata, i pomodori, il brodo di ossa di pollo, le strisce di peperone e la scorza di limone. Portare ad ebollizione; ridurre il calore. Cuocere, scoperto, per 15 minuti. Se lo si desidera, trasferire la miscela nel tagine; guarnire con il pesce e l'eventuale chermoula rimanente dal piatto. Copertina; cuocere per 25 minuti. Servire subito.

HALIBUT IN SALSA DI GAMBERETTI ALL'AGLIO CON CAVOLO RICCIO SOFFRITTO

FORMAZIONE: Tempo di cottura 30 minuti: 19 minuti Dosi: 4 porzioni

ESISTONO MOLTE FONTI E TIPI DIVERSI DI HALIBUT, E POSSONO ESSERE DI QUALITÀ MOLTO DIVERSA E CATTURATI IN CONDIZIONI MOLTO DIVERSE. LA DURABILITÀ DEL PESCE, L'AMBIENTE IN CUI VIVE E LE CONDIZIONI IN CUI VIENE ALLEVATO/PESCATO SONO FATTORI CHE DETERMINANO QUALE PESCE È UNA BUONA SCELTA PER IL CONSUMO. VISITA IL SITO WEB DEL MONTEREY BAY AQUARIUM (WWW.SEAFOODWATCH.ORG) PER LE ULTIME INFORMAZIONI SU QUALE PESCE MANGIARE E QUALE EVITARE.

- 4 filetti di halibut freschi o congelati da 6 once, spessi circa 1 pollice
- Pepe nero
- 6 cucchiai di olio extravergine di oliva
- ½ tazza di cipolla tritata finemente
- ¼ tazza di peperone rosso a dadini
- 2 spicchi d'aglio, tritati
- ¾ cucchiaino di paprika affumicata
- ½ cucchiaino di origano fresco tritato
- 4 tazze di cavolo, tagliato a strisce spesse ¼ di pollice (circa 12 once)
- ⅓ tazza d'acqua
- 8 once di gamberi medi, sbucciati, sgranati e tritati grossolanamente
- 4 spicchi d'aglio, affettati sottilmente
- ¼ a ½ cucchiaino di pepe rosso macinato
- ⅓ tazza di sherry secco
- 2 cucchiai di succo di limone
- ¼ di tazza di prezzemolo fresco tritato

1. Scongelare il pesce, se è congelato. Lavare il pesce; Asciugare con salviette di carta. Cospargere il pesce con il pepe. In una padella capiente, scalda 2 cucchiai di olio d'oliva a fuoco medio. Aggiungi i filetti; cuocere 10 minuti o fino a doratura e scaglie di pesce quando provate con una forchetta, girando una volta a metà cottura. Trasferisci il pesce su un piatto da portata e una tenda con un foglio di alluminio per tenerlo al caldo.

2. Nel frattempo, in un'altra padella capiente, scalda 1 cucchiaio di olio d'oliva a fuoco medio. Aggiungere la cipolla, il peperone, 2 spicchi d'aglio tritati, la paprika e l'origano; cuocere e mescolare da 3 a 5 minuti o fino a quando ammorbidito. Si aggiungono cavolo e acqua. Coprire e cuocere da 3 a 4 minuti o fino a quando il liquido è evaporato e le verdure sono tenere, mescolando di tanto in tanto. Coprire e tenere in caldo fino al momento di servire.

3. Per la salsa di gamberi, aggiungi i restanti 3 cucchiai di olio nella padella usata per cuocere il pesce. Aggiungere i gamberi, 4 spicchi d'aglio affettati e il peperoncino macinato. Cuocere e mescolare per 2-3 minuti o fino a quando l'aglio inizia a dorare. Aggiungi i gamberi; cuocere da 2 a 3 minuti fino a quando i gamberi sono sodi e rosa. Mescolare lo sherry e il succo di limone. Far bollire per 1 o 2 minuti o fino a quando leggermente ridotto. Mescolare il prezzemolo.

4. Dividere la salsa di gamberi tra i filetti di sogliola. Servire con verdure.

BOUILLABAISSE AI FRUTTI DI MARE

DALL'INIZIO ALLA FINE: 1 ORA E ¾ FA: 4 PORZIONI

COME IL CIOPPINO ITALIANO, QUESTO STUFATO DI PESCE FRANCESEDI PESCE E CROSTACEI SEMBRA ESSERE UN ASSAGGIO DEL PESCATO DEL GIORNO SALTATO IN PADELLA CON AGLIO, CIPOLLA, POMODORO E VINO. TUTTAVIA, IL SAPORE CARATTERISTICO DELLA BOUILLABAISSE E LA COMBINAZIONE DI SAPORI DI ZAFFERANO, FINOCCHIO E BUCCIA D'ARANCIA.

- Filetti di halibut freschi o congelati senza pelle da 1 libbra, tagliati in pezzi da 1 pollice
- 4 cucchiai di olio d'oliva
- 2 tazze di cipolla tritata
- 4 spicchi d'aglio, tritati
- 1 testa di finocchio, senza semi e tritata
- 6 pomodori romani, tritati
- ¾ tazza di brodo di ossa di pollo (vedi reddito) o brodo di pollo non salato
- ¼ di bicchiere di vino bianco secco
- 1 tazza di cipolla tritata finemente
- 1 testa di finocchio, senza semi e tritata finemente
- 6 spicchi d'aglio, tritati
- 1 arancia
- 3 pomodori rumeni, tritati grossolanamente
- 4 fili di zafferano
- 1 cucchiaio di origano fresco tritato
- 1 chilogrammo di vongole piccole, lavate e sciacquate
- 1 chilogrammo di cozze, private della barbetta, pulite e sciacquate (vedi mancia)
- origano fresco tritato (facoltativo)

1. Scongelare l'ippoglosso se congelato. Lavare il pesce; Asciugare con salviette di carta. Mettere da parte il pesce.

2. In un forno olandese da 6-8 litri, scalda 2 cucchiai di olio d'oliva a fuoco medio. Aggiungi 2 tazze di cipolla tritata, 1 testa di finocchio tritato e 4 spicchi d'aglio schiacciati nella padella. Cuocere per 7-9 minuti o fino a quando la cipolla è tenera, mescolando di tanto in tanto. Aggiungere 6 pomodori a pezzetti e 1 testa di finocchio tritato; cuocere per altri 4 minuti. Aggiungi il brodo di ossa di pollo e il vino bianco nella pentola; cuocere per 5 minuti; rinfrescati un po'. Trasferisci il composto di verdure in un frullatore o in un robot da cucina. Coprire e frullare o lavorare fino a che liscio; accantonare.

3. Nello stesso forno olandese, scalda il restante 1 cucchiaio di olio d'oliva a fuoco medio. Aggiungi 1 tazza di cipolla tritata, 1 testa di finocchio tritato e 6 spicchi d'aglio tritati. Cuocere a fuoco medio per 5-7 minuti o fino a quando è quasi tenero, mescolando spesso.

4. Usa un pelapatate per rimuovere la buccia dall'arancia a strisce larghe; accantonare. Aggiungi la purea di verdure, 3 pomodori a cubetti, la curcuma, l'origano e le strisce di buccia d'arancia al forno olandese. Portare ad ebollizione; ridurre il calore per mantenere un sobbollire. Aggiungi capesante, vongole e pesce; mescolare delicatamente per ricoprire il pesce con la salsa. Regola il calore secondo necessità per mantenere una cottura a fuoco lento. Coprire e cuocere delicatamente per 3-5 minuti fino a quando le vongole e le capesante si aprono e il pesce inizia a sfaldarsi quando viene testato con una forchetta. Versare in ciotole da portata poco profonde. Cospargere con ulteriore origano se lo si desidera.

CEVICHE DI GAMBERI CLASSICO

FORMAZIONE:20 minuti Cottura: 2 minuti Raffreddamento: 1 ora Riposo: 30 minuti Fa: da 3 a 4 porzioni

QUESTO PIATTO LATINOAMERICANO È UN VERO SPASSO.DI SAPORI E CONSISTENZE. CETRIOLI E SEDANO CROCCANTI, AVOCADO CREMOSO, JALAPEÑOS PICCANTI E PICCANTI E GAMBERI DELICATI E DOLCI SONO MESCOLATI CON SUCCO DI LIMONE E OLIO D'OLIVA. NEL CEVICHE TRADIZIONALE, L'ACIDO NEL SUCCO DI LIME "CUOCE" I GAMBERI, MA UN RAPIDO TUFFO IN ACQUA BOLLENTE NON LASCIA NULLA AL CASO, DAL PUNTO DI VISTA DELLA SICUREZZA, E NON DANNEGGIA IL SAPORE O LA CONSISTENZA DEI GAMBERI.

- 1 chilo di gamberi medi freschi o congelati, sbucciati e sgranati, le code rimosse
- ½ cetriolo, sbucciato, privato dei semi e tagliato a dadini
- 1 tazza di sedano tritato
- ½ cipolla rossa piccola, tritata
- Da 1 a 2 jalapeños, senza semi e tritati (vedi<u>mancia</u>)
- ½ tazza di succo di limone fresco
- 2 pomodori romani, a dadini
- 1 avocado, tagliato a metà, senza semi, sbucciato e tagliato a dadini
- ¼ tazza di coriandolo fresco tritato
- 3 cucchiai di olio d'oliva
- ½ cucchiaino di pepe nero

1. Scongelare i gamberi, se congelati. Lavare e pulire i gamberi; togliere le code. Lavare i gamberi; Asciugare con salviette di carta.

2. Riempi una pentola capiente a metà con acqua. Portare ad ebollizione. Aggiungi i gamberi all'acqua bollente. Cuocere, scoperto, per 1 o 2 minuti o solo fino a quando i

gamberi diventano opachi; perdita Sciacquare i gamberi sotto l'acqua fredda e scolarli nuovamente. Gamberi a cubetti.

3. In una ciotola molto grande e non reattiva, unisci i gamberi, il cetriolo, il sedano, la cipolla, i jalapeños e il succo di lime. Coprire e conservare in frigorifero per 1 ora, mescolando una o due volte.

4. Aggiungere i pomodori, l'avocado, il coriandolo, l'olio d'oliva e il pepe nero. Coprite e lasciate riposare a temperatura ambiente per 30 minuti. Mescolare delicatamente prima di servire.

INSALATA DI GAMBERI E SPINACI IN CROSTA DI COCCO

FORMAZIONE: 25 minuti tempo di cottura: 8 minuti per: 4 porzioni FOTO

BOMBOLETTE SPRAY PER OLIO D'OLIVA PRODOTTE COMMERCIALMENTE PUÒ CONTENERE ALCOL DI GRANO, LECITINA E PROPELLENTE - NON UN MIX FANTASTICO QUANDO STAI CERCANDO DI MANGIARE CIBI PURI E VERI ED EVITARE CEREALI, GRASSI MALSANI, LEGUMI E LATTICINI. UNO SPRUZZATORE DI OLIO UTILIZZA SOLO ARIA PER SPINGERE L'OLIO IN UNO SPRUZZO FINE, PERFETTO PER RICOPRIRE LEGGERMENTE I GAMBERI IN CROSTA DI COCCO PRIMA DELLA COTTURA.

- 1 kg e mezzo di gamberi molto grossi freschi o surgelati, sgusciati
- Flacone spray Misto riempito con olio extravergine di oliva
- 2 uova
- ¾ tazza di cocco tritato o tritato, non zuccherato
- ¾ tazza di farina di mandorle
- ½ tazza di olio di avocado o olio d'oliva
- 3 cucchiai di succo di limone fresco
- 2 cucchiai di succo di limone fresco
- 2 piccoli spicchi d'aglio, tritati
- Da ⅛ a ¼ di cucchiaino di pepe rosso macinato
- 8 tazze di spinaci freschi
- 1 avocado medio, tagliato a metà, senza semi, sbucciato e affettato sottilmente
- 1 piccolo peperone arancione o giallo, tagliato a listarelle sottili
- ½ tazza di cipolla rossa tritata

1. Scongelare i gamberi, se congelati. Pulire e sgranare i gamberi, lasciando intatte le code. Lavare i gamberi; Asciugare con salviette di carta. Preriscalda il forno a 450

° F. Rivesti una teglia grande con un foglio di alluminio; ricoprire leggermente il foglio con olio spray dal flacone Misto; accantonare.

2. In una ciotola poco profonda, sbatti le uova con una forchetta. In un'altra ciotola poco profonda, unisci il cocco e la farina di mandorle. Immergi i gamberi nelle uova, girandoli per ricoprirli. Immergere nella miscela di cocco, premendo per ricoprire (lasciare scoperte le code). Disporre i gamberi in un unico strato sulla teglia preparata. Rivestire la parte superiore dei gamberi con olio spray dalla bottiglia Misto.

3. Cuocere per 8-10 minuti o fino a quando i gamberi sono opachi e la copertura è leggermente dorata.

4. Nel frattempo, per il condimento, in un vasetto con tappo a vite, unire l'olio di avocado, il succo di limone, il succo di lime, l'aglio e il peperoncino tritato. Coprire e agitare bene.

5. Per le insalate, dividi gli spinaci in quattro piatti. Completare con avocado, peperone, cipolla rossa e gamberetti. Condire con la salsa e servire subito.

CEVICHE DI GAMBERI TROPICALI E CAPESANTE

FORMAZIONE:20 minuti Marinata: da 30 a 60 minuti Fa: da 4 a 6 porzioni

IL CEVICHE FRESCO E LEGGERO È UN PASTO ECCELLENTE.PER UNA CALDA NOTTE D'ESTATE. CON MELONE, MANGO, PEPE SERRANO, FINOCCHIO E CONDIMENTO PER INSALATA DI MANGO E LIMONE (VEDIREDDITO), QUESTA È UNA VERSIONE DOLCE E CALOROSA DELL'ORIGINALE.

- 1 kg di vongole fresche o congelate
- 1 grande chilogrammo di gamberi freschi o congelati
- 2 tazze di melone a dadini
- 2 manghi medi, snocciolati, sbucciati e tritati (circa 2 tazze)
- 1 testa di finocchio, mondata, tagliata in quarti, senza semi e affettata sottilmente
- 1 peperone rosso medio, tritato (circa ¾ di tazza)
- Da 1 a 2 peperoni serrano, senza semi, se lo si desidera, e affettati sottilmente (vedimancia)
- ½ tazza di coriandolo fresco leggermente confezionato, tritato
- 1 ricetta per condimento per insalata di mango e limone (vedireddito)

1. Scongelare le vongole e i gamberi, se congelati. Dividere le vongole a metà orizzontalmente. Pulire, sgranare e dividere orizzontalmente a metà i gamberi. Lavare vongole e gamberi; Asciugare con salviette di carta. Riempi una pentola capiente per tre quarti d'acqua. Portare ad ebollizione. Aggiungi gamberi e capesante; cuocere da 3 a 4 minuti o fino a quando i gamberi e le capesante sono opachi; scolare e sciacquare con acqua fredda per raffreddare rapidamente. Corri bene e prenota.

2. In una ciotola molto grande, unisci melone, mango, finocchio, paprika, pepe serrano e coriandolo. Aggiungi il condimento per insalata di mango e lime; mescolare delicatamente per ricoprire. Aggiungere delicatamente i gamberi e le capesante cotti. Lasciare marinare in frigorifero per 30-60 minuti prima di servire.

GAMBERI GIAMAICANI PICCANTI CON OLIO DI AVOCADO

DALL'INIZIO ALLA FINE: 20 minuti fanno: 4 porzioni

CON UN TEMPO TOTALE AL TAVOLO DI 20 MINUTI, QUESTO PIATTO FORNISCE UN ALTRO MOTIVO CONVINCENTE PER MANGIARE UN PASTO ABBONDANTE A CASA, ANCHE NELLE NOTTI PIÙ IMPEGNATIVE.

- 1 kg di gamberi medi freschi o congelati
- 1 tazza di mango tritato e sbucciato (1 medio)
- ⅓ tazza di cipolla rossa affettata sottilmente
- ¼ tazza di coriandolo fresco tritato
- 1 cucchiaio di succo di limone fresco
- 2 o 3 cucchiai di condimento Jerk Jamaica (vedi[reddito](reddito))
- 1 cucchiaio di olio extravergine di oliva
- 2 cucchiai di olio di avocado

1. Scongelare i gamberi, se congelati. In una ciotola media, unire il mango, la cipolla, il coriandolo e il succo di lime.

2. Lavare e pulire i gamberi. Lavare i gamberi; Asciugare con salviette di carta. Metti i gamberi in una ciotola media. Cospargere con il condimento Jerk giamaicano; lanciare per ricoprire i gamberi su tutti i lati.

3. In una padella antiaderente capiente, scalda l'olio d'oliva a fuoco medio-alto. Aggiungi i gamberi; cuocere e mescolare per circa 4 minuti o fino a quando diventa opaco. Condire i gamberi con olio di avocado e servire con la miscela di mango.

SCAMPI DI GAMBERI CON SPINACI APPASSITI E RADICCHIO

FORMAZIONE:15 minuti tempo di cottura: 8 minuti per: 3 porzioni

"SCAMPI" SI RIFERISCE A UN CLASSICO PIATTO DA RISTORANTEGROSSI GAMBERI BOLLITI O GRIGLIATI CON BURRO E TANTO AGLIO E LIMONE. QUESTA VERSIONE ACIDIFICATA CON OLIO D'OLIVA È PALEO-APPROVATA E ARRICCHITA DAL PUNTO DI VISTA NUTRIZIONALE CON UN VELOCE SOFFRITTO DI RADICCHIO E SPINACI.

- 1 grande chilogrammo di gamberi freschi o congelati
- 4 cucchiai di olio extravergine di oliva
- 6 spicchi d'aglio, tritati
- ½ cucchiaino di pepe nero
- ¼ di bicchiere di vino bianco secco
- ½ tazza di prezzemolo fresco tritato
- ½ cespo di radicchio privato dei semi e affettato sottilmente
- ½ cucchiaino di pepe rosso macinato
- 9 tazze di spinaci novelli
- fette di limone

1. Scongelare i gamberi, se congelati. Pulire e sgranare i gamberi, lasciando intatte le code. In una padella capiente, scalda 2 cucchiai di olio d'oliva a fuoco medio-alto. Aggiungere i gamberi, 4 spicchi d'aglio tritati e pepe nero. Cuocere e mescolare per circa 3 minuti o fino a quando i gamberi diventano opachi. Trasferisci il composto di gamberi in una ciotola.

2. Aggiungi il vino bianco nella padella. Cuocere, mescolando per sciogliere l'aglio rosolato dal fondo della padella.

Versare il vino sui gamberi; giocare per abbinare. Mescolare il prezzemolo. Coprire liberamente con un foglio di alluminio per tenerlo al caldo; accantonare.

3. Aggiungere nella padella i restanti 2 cucchiai di olio d'oliva, i restanti 2 spicchi d'aglio tritati, il radicchio e il peperoncino tritato. Cuocere e mescolare a fuoco medio per 3 minuti o fino a quando il radicchio inizia ad appassire. Mescolare con cura gli spinaci; cuocere e mescolare per altri 1-2 minuti o fino a quando gli spinaci non saranno appassiti.

4. Per servire, dividi il composto di spinaci in tre piatti; top con miscela di gamberi. Servire con spicchi di lime da spremere sopra i gamberi e le verdure.

INSALATA DI GRANCHIO CON AVOCADO, POMPELMO E JICAMA

DALL'INIZIO ALLA FINE: 30 minuti fanno: 4 porzioni

IL MIGLIOR GRUMO O POLPA DI GRANCHIO È IL MIGLIOREPER QUESTA INSALATA. LA POLPA DI GRANCHIO GIGANTE È COMPOSTA DA GROSSI PEZZI CHE FUNZIONANO BENE NELLE INSALATE. IL BACKFIN È UNA MISCELA DI PEZZI ROTTI DI POLPA DI GRANCHIO E PEZZI PIÙ PICCOLI DI POLPA DI GRANCHIO DAL CORPO DEL GRANCHIO. ANCHE SE PIÙ PICCOLO DEL GRANCHIO GIGANTE, LA PINNA FUNZIONA MOLTO BENE. FRESCO È IL MIGLIORE, OVVIAMENTE, MA IL GRANCHIO CONGELATO SCONGELATO È UNA BUONA OPZIONE.

6 tazze di spinaci novelli

½ jicama medio, sbucciato e tagliato a julienne*

2 pompelmi rosa o rosso rubino, sbucciati, privati dei semi e affettati**

2 avocado piccoli, tagliati a metà

1 chilogrammo jumbo jumbo o polpa di granchio

Salsa al pompelmo e basilico (vedi ricetta, a destra)

1. Dividi gli spinaci in quattro piatti da portata. Completare con jicama, sezioni di pompelmo ed eventuali succhi accumulati, avocado e polpa di granchio. Condire con basilico e salsa di pompelmo.

Salsa al basilico e pompelmo: in un barattolo con tappo a vite, sbatti insieme ⅓ tazza di olio extra vergine di oliva; ¼ tazza di succo di pompelmo fresco; 2 cucchiai di succo d'arancia fresco; ½ scalogno piccolo, tritato; 2 cucchiai di basilico fresco tritato; ¼ di cucchiaino di pepe rosso macinato; e ¼ di cucchiaino di pepe nero. Coprire e agitare bene.

*Suggerimento: un pelapatate rende veloce il lavoro di affettare il jicama in strisce sottili.

**Suggerimento: per affettare il pompelmo, tagliare una fetta dall'estremità del gambo e dal fondo del frutto. Mettilo in posizione verticale su una superficie di lavoro. Tagliare la frutta a pezzetti dall'alto verso il basso, seguendo la forma arrotondata della frutta, per togliere la buccia a listarelle. Tieni il frutto sopra una ciotola e, usando un coltello, taglia il centro del frutto sui lati di ogni spicchio per staccarlo dalla polpa. Metti gli spicchi nella ciotola con i succhi accumulati. Scartare il midollo.

BOLLIRE LA CODA DI ARAGOSTA CAJUN CON AÏOLI AL DRAGONCELLO

FORMAZIONE:20 minuti tempo di cottura: 30 minuti per: 4 porzioni<u>FOTO</u>

PER UNA CENA ROMANTICA PER DUE,QUESTA RICETTA PUÒ ESSERE FACILMENTE TAGLIATA A METÀ. USA DELLE FORBICI DA CUCINA MOLTO AFFILATE PER APRIRE IL GUSCIO DELLE CODE DI ARAGOSTA E OTTENERE UNA CARNE RICCA E SAPORITA.

- 2 ricette di condimento cajun (vedi<u>reddito</u>)
- 12 spicchi d'aglio, sbucciati e tagliati a metà
- 2 limoni, tagliati a metà
- 2 carote grandi, sbucciate
- 2 gambi di sedano, sbucciati
- 2 finocchi affettati sottilmente
- 1 chilogrammo di funghi interi
- 4 code di aragosta del Maine da 7 a 8 once
- Spiedini di bambù da 4 x 8 pollici
- ½ tazza Paleo Aïoli (Maionese all'aglio) (vedi<u>reddito</u>)
- ¼ tazza di senape alla Digione (vedi<u>reddito</u>)
- 2 cucchiai di dragoncello tritato o prezzemolo fresco

1. In una pentola da 8 litri, unisci 6 tazze d'acqua, condimento Cajun, aglio e limoni. Portare ad ebollizione; far bollire per 5 minuti. Ridurre il fuoco per mantenere il liquido a fuoco lento.

2. Tagliare le carote e il sedano trasversalmente in quattro pezzi. Aggiungere le carote, il sedano e il finocchio al liquido. Coprire e cuocere per 10 minuti. Aggiungi i funghi; coprire e cuocere per 5 minuti. Usando un

cucchiaio forato, trasferisci le verdure in una ciotola; tenere caldo

3. Partendo dall'estremità del corpo di ogni coda di aragosta, inserisci uno spiedino tra la carne e il guscio, arrivando quasi fino all'estremità della coda. (Questo eviterà che la coda si aggrovigli durante la cottura.) Ridurre il calore. Cuocere le code di aragosta nel liquido appena bollente nella pentola per 8-12 minuti, o fino a quando i gusci diventano rossi e la carne è tenera quando viene forata con una forchetta. Togliere l'astice dal liquido di cottura. Usa un canovaccio per tenere le code di aragosta e rimuovi ed elimina gli spiedini.

4. In una piccola ciotola, unisci Paleo Aïoli, Senape di Digione e Dragoncello. Servito con aragosta e verdure.

COZZE FRITTE CON AIOLI ALLO ZAFFERANO

DALL'INIZIO ALLA FINE: 1 ORA E ¼ FA: 4 PORZIONI

QUESTA È UNA VERSIONE PALEO DEL CLASSICO FRANCESEDI COZZE AFFOGATE NEL VINO BIANCO ED ERBE AROMATICHE E SERVITE CON PATATE FRITTE SOTTILI E CROCCANTI. SCARTARE LE VONGOLE CHE NON SI CHIUDONO PRIMA DELLA COTTURA E LE VONGOLE CHE NON SI APRONO DOPO LA COTTURA.

PATATINE FRITTE

- 1½ kg di pastinache, sbucciate e tagliate a julienne da 3 × ¼ pollici
- 3 cucchiai di olio d'oliva
- 2 spicchi d'aglio, tritati
- ¼ cucchiaino di pepe nero
- ⅛ cucchiaino di pepe di cayenna

AIOLI ALLO ZAFFERANO

- ⅓ tazza Paleo Aïoli (Maionese all'aglio) (vedi reddito)
- ⅛ cucchiaino di fili di zafferano, leggermente schiacciati

COZZE

- 4 cucchiai di olio d'oliva
- ½ tazza di erba cipollina tritata
- 6 spicchi d'aglio, tritati
- ¼ cucchiaino di pepe nero
- 3 bicchieri di vino bianco secco
- 3 grandi rametti di prezzemolo piatto
- 4 chilogrammi di cozze, pulite e a scaglie*
- ¼ di tazza di prezzemolo italiano tritato fresco (foglia piatta)
- 2 cucchiai di dragoncello fresco tritato (facoltativo)

1. Per le Patatine Fritte, preriscaldare il forno a 200°C. Immergere le pastinache tagliate in acqua fredda sufficiente a coprire in frigorifero per 30 minuti; scolare e asciugare con salviette di carta.

2. Foderare una teglia grande con carta da forno. Metti le pastinache in una ciotola molto capiente. In una piccola ciotola, unire 3 cucchiai di olio d'oliva, 2 spicchi d'aglio tritati, ¼ di cucchiaino di pepe nero e pepe di cayenna; cospargere sopra le pastinache e mescolare. Disporre le pastinache in uno strato uniforme sulla teglia preparata. Cuocere per 30-35 minuti o fino a quando non diventa morbido e inizia a dorare, mescolando di tanto in tanto.

3. Per la salsa aïoli, in una ciotolina, unire la Paleo Aïoli e lo zafferano. Coprire e conservare in frigorifero fino al momento di servire.

4. Nel frattempo, in una pentola da 6-8 litri o in un forno olandese, scalda 4 cucchiai di olio d'oliva a fuoco medio. Aggiungere lo scalogno, 6 spicchi d'aglio e ¼ di cucchiaino di pepe nero; cuocere per circa 2 minuti o fino a quando ammorbidito e appassito, mescolando spesso.

5. Aggiungi il vino e i rametti di prezzemolo nella padella; portare ad ebollizione. Aggiungere le cozze, mescolando un paio di volte. Coprire bene e cuocere a vapore per 3-5 minuti o fino a quando le bucce si aprono, mescolando delicatamente due volte. Scartare le cozze che non si aprono.

6. Con un cucchiaio grande, trasferisci le cozze in piatti fondi poco profondi. Rimuovere ed eliminare i rametti di

prezzemolo dal liquido di cottura; versare il liquido di cottura sulle cozze. Cospargere di prezzemolo tritato e, se lo si desidera, dragoncello. Servire immediatamente con patatine e aioli allo zafferano.

*Suggerimento: cucina le cozze il giorno stesso in cui le compri. Se usi le cozze raccolte in natura, immergile in una ciotola di acqua fredda per 20 minuti per aiutare a rimuovere sabbia e sabbia. (Questo non è necessario per le vongole allevate in fattoria.) Usando una spazzola rigida, strofina le cozze, una alla volta, sotto l'acqua corrente fredda. Rimuovere le cozze circa 10-15 minuti prima di cuocerle. La barba è un piccolo gruppo di fibre che sporgono dalla corteccia. Per rimuovere la barba, afferrare la corda tra il pollice e l'indice e tirare verso la cerniera. (Questo metodo non ucciderà le cozze.) Puoi anche usare pinze o pinze per pesci. Assicurati che il guscio di ogni cozza sia ben chiuso. Se ci sono bucce aperte, picchiettale delicatamente sul bancone. Scartare le cozze che non si chiudono entro pochi minuti.

CAPESANTE FRITTE CON CONDIMENTO ALLA BARBABIETOLA

DALL'INIZIO ALLA FINE:30 minuti fanno: 4 porzioni FOTO

PER UNA BELLA CROSTA DORATA,ASSICURATEVI CHE LA SUPERFICIE DELLE VONGOLE SIA BEN ASCIUTTA – E LA PADELLA BEN CALDA – PRIMA DI AGGIUNGERLE IN PADELLA. INOLTRE, LASCIA SCOTTARE INDISTURBATE LE CAPESANTE PER 2 O 3 MINUTI, CONTROLLANDO ATTENTAMENTE PRIMA DI GIRARLE.

- 1 chilo di vongole fresche o congelate, asciugate con salviette di carta
- 3 barbabietole rosse medie, pulite e tritate
- ½ mela Granny Smith, sbucciata e tritata
- 2 jalapeños, senza gambo, senza semi e tritati (vedi mancia)
- ¼ tazza di coriandolo fresco tritato
- 2 cucchiai di cipolla rossa tritata finemente
- 4 cucchiai di olio d'oliva
- 2 cucchiai di succo di limone fresco
- Pepe bianco

1. Scongelare le vongole se congelate.

2. Per il gusto di barbabietola, in una ciotola media unire le barbabietole, le mele, i jalapeños, il coriandolo, la cipolla, 2 cucchiai di olio d'oliva e il succo di limone. Mescolare bene. Metti da parte mentre prepari le capesante.

3. Lavare le vongole; Asciugare con salviette di carta. In una padella capiente, scalda i restanti 2 cucchiai di olio d'oliva a fuoco medio-alto. Aggiungi le vongole; cuocere alla griglia per 4-6 minuti o fino a quando non saranno dorati

all'esterno e appena opachi. Cospargere leggermente le capesante con pepe bianco.

4. Per servire, dividi uniformemente il gusto di barbabietola tra i piatti da portata; sopra con le vongole. Servire subito.

CAPESANTE GRIGLIATE CON SALSA DI CETRIOLI ALL'ANETO

FORMAZIONE: 35 minuti Freddo: da 1 a 24 ore Grill: 9 minuti Fa: 4 porzioni

ECCO UN CONSIGLIO PER OTTENERE GLI AVOCADO PIÙ PERFETTI:ACQUISTALI QUANDO SONO DI UN VERDE BRILLANTE E SODI, QUINDI CUOCILI SUL BANCONE PER ALCUNI GIORNI, FINCHÉ NON DANNO UN PO 'SE PREMUTI LEGGERMENTE CON LE DITA. QUANDO SONO DURI E VERDI, NON VENGONO FERITI NEL TRAFFICO DEL MERCATO.

- 12 o 16 vongole fresche o congelate (da 1¼ a 1¾ libbre in totale)
- ¼ tazza di olio d'oliva
- 4 spicchi d'aglio, tritati
- 1 cucchiaino di pepe nero appena macinato
- 2 zucchine medie, mondate e tagliate a metà nel senso della lunghezza
- ½ cetriolo medio, dimezzato nel senso della lunghezza e affettato sottilmente trasversalmente
- 1 avocado medio, tagliato a metà, senza semi, sbucciato e tagliato a dadini
- 1 pomodoro medio, snocciolato, privato dei semi e tagliato a dadini
- 2 cucchiaini di menta fresca tritata
- 1 cucchiaino di aneto fresco tritato

1. Scongelare le vongole se congelate. Sciacquare le vongole sotto l'acqua fredda; Asciugare con salviette di carta. In una ciotola capiente, unisci 3 cucchiai di olio, aglio e ¾ di cucchiaino di pepe. Aggiungi le vongole; mescolare delicatamente per ricoprire. Coprire e conservare in frigorifero per almeno 1 ora o fino a 24 ore, mescolando di tanto in tanto.

2. Spennellare le metà delle zucchine con il rimanente 1 cucchiaio di olio; cospargere uniformemente con ¼ di cucchiaino di pepe rimanente.

3. Scolare le vongole, eliminando la marinata. Infila due spiedini da 10-12 pollici attraverso ogni capesante, usando 3 o 4 capesante per ogni paio di spiedini e lasciando uno spazio di mezzo pollice tra le capesante.* (Infilare le capesante su due spiedini aiuta a mantenerle stabili durante la grigliatura e il ribaltamento . .)

4. Per una griglia a carbone oa gas, adagiare gli spiedini di capesante e le metà della zucca sulla griglia direttamente a fuoco medio.** Coprire e grigliare finché le capesante non diventano opache e la zucca tenera, girando a metà cottura. Attendere da 6 a 8 minuti per le capesante e da 9 a 11 minuti per le zucchine.

5. Nel frattempo, per la salsa, in una ciotola media, unire il cetriolo, l'avocado, il pomodoro, la menta e l'aneto. Mescolare delicatamente per unire. Metti 1 spiedino di capesante su ciascuno dei 4 piatti da portata. Tagliare la zucca in diagonale a metà e aggiungerla ai piatti con le capesante. Distribuire uniformemente il composto di cetrioli sulle capesante.

*Suggerimento: se si utilizzano spiedini di legno, immergere in acqua sufficiente a coprire per 30 minuti prima dell'uso.

**Per grigliare: preparare come indicato nel passaggio 3. Disporre gli spiedini di capesante e le metà di zucca su una griglia non riscaldata. Cuocere alla griglia da 4 a 5 pollici di fuoco fino a quando le capesante sono opache e la zucca è tenera, girando una volta a metà cottura. Attendere da 6 a 8 minuti per le capesante e da 10 a 12 minuti per la zucca.

CAPESANTE FRITTE CON POMODORO, OLIO D'OLIVA E SALSA ALLE ERBE

FORMAZIONE:20 minuti tempo di cottura: 4 minuti per: 4 porzioni

IL CONDIMENTO E QUASI COME UNA VINAIGRETTE CALDA.OLIO D'OLIVA, POMODORI FRESCHI TRITATI, SUCCO DI LIMONE ED ERBE AROMATICHE VENGONO MESCOLATI E RISCALDATI MOLTO DELICATAMENTE - QUEL TANTO CHE BASTA PER FONDERE I SAPORI - E POI SERVITI CON CAPESANTE SCOTTATE E UN'INSALATA CROCCANTE DI GERMOGLI DI GIRASOLE.

VONGOLE E SALSA
- Da 1 a 1½ libbre di vongole grandi fresche o congelate (circa 12)
- 2 pomodori Roma grandi, pelati,* privati dei semi e tagliati a cubetti
- ½ tazza di olio d'oliva
- 2 cucchiai di succo di limone fresco
- 2 cucchiai di basilico fresco tritato
- 1 o 2 cucchiaini di erba cipollina tritata
- 1 cucchiaio di olio d'oliva

INSALATA
- 4 tazze di boccioli di girasole
- 1 limone, tagliato a fette
- Olio extravergine d'oliva

1. Scongelare le vongole se congelate. Lavare le vongole; Asciutto. Mettilo via.

2. Per la salsa, in una piccola casseruola, unire i pomodori, ½ tazza di olio d'oliva, il succo di limone, il basilico e l'erba cipollina; accantonare.

3. In una padella capiente, scalda 1 cucchiaio di olio d'oliva a fuoco medio-alto. Aggiungi le vongole; cuocere da 4 a 5 minuti o fino a doratura e opaco, girando una volta a metà cottura.

4. Per l'insalata, metti il cavolo in una ciotola. Spremete le fettine di limone sui boccioli e irrorate con un filo d'olio d'oliva. Trascina per abbinare.

5. Riscaldare la salsa a fuoco basso finché non è tiepida; non bollire. Per servire, versare la salsa al centro del piatto; sopra con 3 conchiglie. Viene servito con insalata di germogli.

*Suggerimento: per sbucciare facilmente un pomodoro, metti il pomodoro in una pentola di acqua bollente per 30 secondi a 1 minuto o fino a quando la pelle inizia a rompersi. Rimuovere il pomodoro dall'acqua bollente e tuffarlo immediatamente in una ciotola di acqua ghiacciata per fermare il processo di cottura. Quando il pomodoro è abbastanza freddo da maneggiarlo, rimuovi la pelle.

CAVOLFIORE ARROSTO AL CUMINO CON FINOCCHIO ED ERBA CIPOLLINA

FORMAZIONE:15 minuti tempo di cottura: 25 minuti per: 4 porzioniFOTO

C'E QUALCOSA DI PARTICOLARMENTE ATTRAENTESULLA COMBINAZIONE DI CAVOLFIORE ARROSTITO E IL SAPORE TERROSO E TOSTATO DEL CUMINO. QUESTO PIATTO HA UNA DOLCEZZA IN PIU DAL RIBES ESSICCATO. SE LO DESIDERI, PUOI AGGIUNGERE UN PO' DI CALORE CON ¼ O ½ CUCCHIAINO DI PEPERONCINO TRITATO INSIEME AL CUMINO E AL RIBES NEL PASSAGGIO 2.

- 3 cucchiai di olio di cocco non raffinato
- 1 cavolfiore a testa media, tagliato a cimette (da 4 a 5 tazze)
- 2 cespi di finocchio, tritati grossolanamente
- 1 tazza e ½ di cipolline surgelate, scongelate e scolate
- ¼ di tazza di ribes essiccato
- 2 cucchiaini di cumino macinato
- Aneto fresco tritato (facoltativo)

1. In una padella molto grande, scalda l'olio di cocco a fuoco medio. Aggiungere il cavolfiore, il finocchio e le cipolline. Coprire e cuocere per 15 minuti, mescolando di tanto in tanto.

2. Ridurre il calore a medio-basso. Aggiungi ribes e cumino nella padella; cuocere, scoperto, per circa 10 minuti o fino a quando il cavolfiore e il finocchio sono teneri e dorati. Se lo si desidera, guarnire con aneto.

SUGO DI POMODORO E MELANZANE CON SPAGHETTI ALLA ZUCCA

FORMAZIONE:30 minuti Cottura: 50 minuti Raffreddamento: 10 minuti Cottura: 10 minuti Per: 4 porzioni

QUESTO PIATTO PICCANTE SI CAPOVOLGE FACILMENTE.IN MODO PRINCIPALE. AGGIUNGERE CIRCA 1 KG DI CARNE MACINATA O BISONTE COTTA AL COMPOSTO DI MELANZANE E POMODORI DOPO AVERLI SCHIACCIATI LEGGERMENTE.

- 1 2 a 2 ½ libbre di zucca spaghetti
- 2 cucchiai di olio d'oliva
- 1 tazza di melanzane tritate e sbucciate
- ¾ tazza di cipolla tritata
- 1 peperone rosso piccolo, tritato (½ tazza)
- 4 spicchi d'aglio, tritati
- 4 pomodori di media maturità, sbucciati se lo si desidera e tritati grossolanamente (circa 2 tazze)
- ½ tazza di basilico fresco tritato

1. Preriscaldare il forno a 375°F. Foderare una piccola teglia con carta da forno. Tagliare la zucca spaghetti a metà trasversalmente. Usa un cucchiaio grande per raschiare i semi e i fili. Posizionare le metà della zucca, con i lati tagliati verso il basso, sulla teglia preparata. Cuocere, scoperto, per 50-60 minuti o fino a quando la zucca è tenera. Fate raffreddare su una griglia per circa 10 minuti.

2. Nel frattempo, in una padella capiente, scalda l'olio d'oliva a fuoco medio. Aggiungi cipolla, melanzane e pepe; cuocere da 5 a 7 minuti o fino a quando le verdure sono tenere, mescolando di tanto in tanto. Aggiungere l'aglio; cuocere e mescolare per altri 30 secondi. Aggiungi i pomodori;

cuocere da 3 a 5 minuti o fino a quando i pomodori sono teneri, mescolando di tanto in tanto. Usando uno schiacciapatate, schiacciare delicatamente il composto. Mescolare metà del basilico. Coprire e cuocere per 2 minuti.

3. Usa una griglia o un asciugamano per tenere le metà della zucca. Usa una forchetta per raschiare la polpa di zucca in una ciotola media. Dividi la zucca in quattro piatti da portata. Coprire uniformemente con la salsa. Cospargere con il basilico rimasto.

FUNGHI STUFATI ALLA PORTOBELLO

FORMAZIONE:35 minuti tempo di cottura: 20 minuti tempo di cottura: 7 minuti Per: 4 porzioni

PER I PORTOBELLO PIÙ FRESCHI,CERCA I FUNGHI CHE HANNO ANCORA I GAMBI INTATTI. LE BRANCHIE DOVREBBERO APPARIRE UMIDE MA NON BAGNATE O NERE E DOVREBBE ESSERCI UNA BUONA SEPARAZIONE TRA DI LORO. PER PREPARARE QUALSIASI TIPO DI FUNGO PER LA COTTURA, PULIRE CON UN TOVAGLIOLO DI CARTA LEGGERMENTE UMIDO. NON METTERE MAI I FUNGHI NELL'ACQUA O IMMERGERLI NELL'ACQUA: SONO MOLTO ASSORBENTI E DIVENTERANNO MORBIDI E BAGNATI.

- 4 grandi funghi portobello (circa 1 chilo in totale)
- ¼ tazza di olio d'oliva
- 1 cucchiaio di spezie affumicate (vedi_reddito_)
- 2 cucchiai di olio d'oliva
- ½ tazza di erba cipollina tritata
- 1 cucchiaio di aglio tritato
- 1 libbra di bietole, private del gambo e tritate (circa 10 tazze)
- 2 cucchiaini di spezie mediterranee (vedi_reddito_)
- ½ tazza di ravanelli tritati

1. Preriscaldare il forno a 400°F. Rimuovi i gambi dai funghi e riservali per il passaggio 2. Usa la punta di un cucchiaio per raschiare le lamelle dai cappucci; scartare le branchie. Metti i cappucci dei funghi in una padella rettangolare da 3 litri; spennellare entrambi i lati dei funghi con ¼ di tazza di olio d'oliva. Capovolgi i cappucci dei funghi in modo che i lati del gambo siano rivolti verso l'alto; cospargere con la spezia affumicata. Coprire la teglia con

un foglio di alluminio. Cuocere, coperto, per circa 20 minuti o finché sono teneri.

2. Nel frattempo, tritare i gambi dei funghi messi da parte; accantonare. Per preparare la pannocchia, togliere le costole spesse dalle foglie e scartarle. Tritare grossolanamente le foglie di smog.

3. In una padella molto grande, scalda i 2 cucchiai di olio d'oliva a fuoco medio. Aggiungere la cipolla e l'aglio; cuocere e mescolare per 30 secondi. Aggiungere i gambi dei funghi tritati, lo scalogno tritato e le spezie mediterranee. Cuocere, scoperto, da 6 a 8 minuti o finché sono teneri, mescolando di tanto in tanto.

4. Dividi il composto di scalogno tra le cappelle dei funghi. Cospargi il liquido rimasto nella padella sui funghi ripieni. Sopra i ravanelli tritati.

RADICCHIO ARROSTO

FORMAZIONE: 20 minuti tempo di cottura: 15 minuti per: 4 porzioni

IL RADICCHIO È IL PIÙ CONSUMATOCOME PARTE DI UN'INSALATA PER CONFERIRE UN PIACEVOLE SAPORE AMARO ALLE VERDURE MISTE, MA PUÒ ANCHE ESSERE FRITTO O GRIGLIATO DA SOLO. UNA LEGGERA AMAREZZA È INSITA NEL RADICCHIO, MA NON VUOI CHE SIA OPPRIMENTE. CERCA CIME PIÙ PICCOLE LE CUI FOGLIE SEMBRINO FRESCHE E CROCCANTI, NON APPASSITE. L'ESTREMITÀ TAGLIATA PUÒ ESSERE UN PO' MARRONE, MA DOVREBBE ESSERE PREVALENTEMENTE BIANCA. IN QUESTA RICETTA, UN PO' DI ACETO BALSAMICO PRIMA DI SERVIRE AGGIUNGE UN TOCCO DI DOLCEZZA.

2 cespi grandi di radicchio

¼ tazza di olio d'oliva

1 cucchiaino di spezie mediterranee (vreddito)

¼ di tazza di aceto balsamico

1. Preriscaldare il forno a 400°F. Tagliate il radicchio in quarti, lasciando un po' del torsolo incastrato all'interno (dovreste avere 8 fette). Spennellare i lati tagliati delle fette di radicchio con olio d'oliva. Adagiare le fette, con i lati tagliati verso il basso, su una teglia; cospargere con spezie mediterranee.

2. Cuocere per circa 15 minuti o fino a quando il radicchio non sarà appassito, girando una volta a metà teglia. Disporre il radicchio su un piatto. Condire con aceto balsamico; servire subito.

www.ingramcontent.com/pod-product-compliance
Lightning Source LLC
Chambersburg PA
CBHW070417120526
44590CB00014B/1429